U0675332

▲栾贵明生活照

▲ 1964 年的栾贵明

▲ 20 世纪 70 年代的栾贵明

▶ 1990 年在中国社科院计算机室

▲ 2000 年 9 月在四合院

▲ 2001 年在香港第一届汉文史研讨会

▲ 2001 年 9 月在保定　扫叶公司团建

▲ 2002 年在旅顺

▲ 2004 年的栾贵明

▲ 2004 年在石景山

▲ 2005 年在济南

▲ 2005 年在石景山

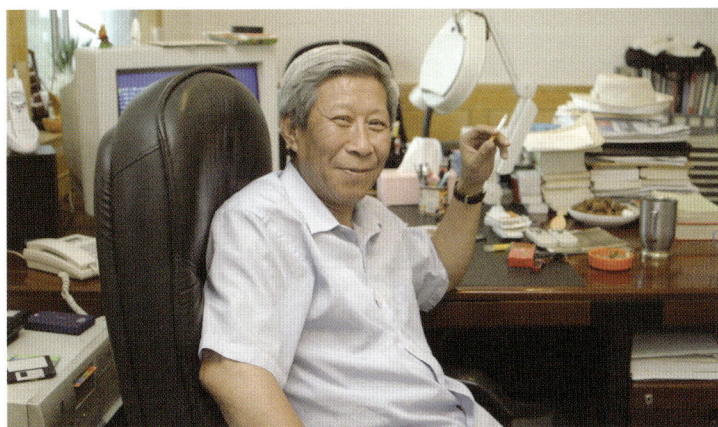

▲ 栾贵明工作照

▼ 2006 年在潭柘寺

栾贵明工作照 ▼

▲栾贵明工作照

▲与仲维杰布海歌夫妇合影

▲栾贵明工作照

▲栾贵明工作照

▲ 2013 年 7 月 28 日《子曰》出版座谈会

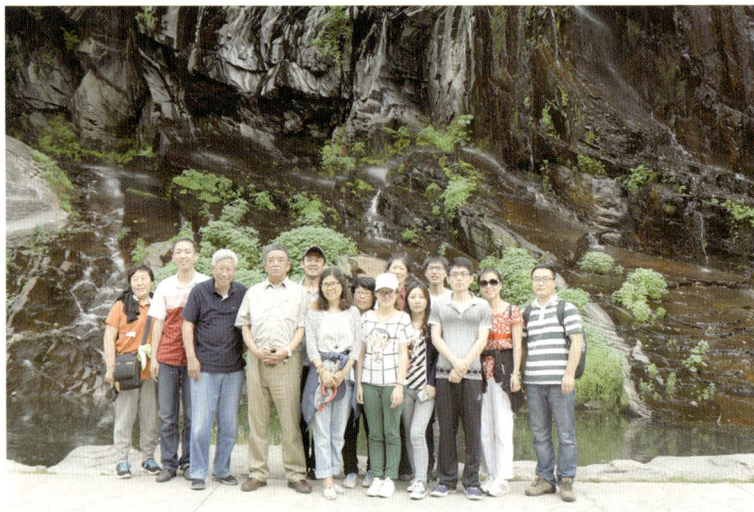

▲ 2013 年 7 月在长白山　扫叶公司团建

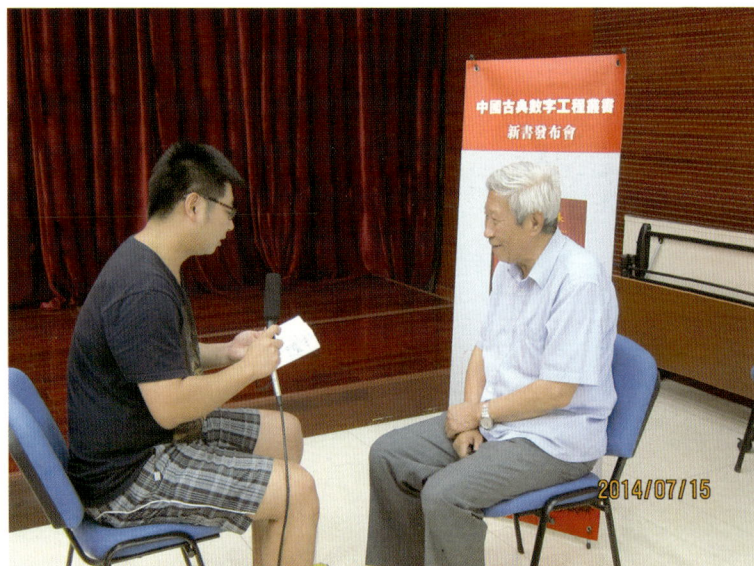

▲ 2014 年 7 月《中华史表》发布座谈会

2014 年与陈于化合影▲

2016 年 10 月在长阳扫叶▲

▲ 2021 年 1 月新年年会在泰山饭店

▲ 2021 年 9 月讲座

2022 年的栾贵明 ▲

▼ 2022 年的栾贵明

▲ 2022 年的栾贵明

砥砺贵明

栾贵明纪念文集

田 奕——编

作家出版社

目 录

1

我们心目中的贵明大哥

任　梦　栾　千

　　第一次认识栾贵明先生是他弟弟贵时带我去他家玩，他热情好客，一见面就和我亲切地交谈起来。闲谈中，足见他是一位聪明、爽朗，愿意结交朋友的能人，没有一点儿北大中文古典文献专业毕业的文人那般"学究气"，我内心油然产生了亲切、敬佩之情。我和他妹妹栾千结婚后，她二哥贵时分配到外地，贵明大哥就成了在京的唯一娘家人，大事小事总要请教大哥大嫂，我们自然成了他家的常客，我们与大哥结下了胜于亲情的深厚友谊。

　　2007 年，贵明大哥主持成立了北京扫叶公司，他的办公室理所当然成了我们经常看望和拜访之地，一是能够感受到家人温馨的亲情，同时也能学习大哥身上的文化气质与学识，请教或拜读他在"中国古典数字工程"中的新作。每一次与大哥接触，他那渊博的学识，通古博今的引经据典，以及对现今事态的深刻理解与分析，使我们总是感到精神振奋、受益匪浅、满载而归。

　　栾千告诉我，大哥自幼聪明好学、敢作敢为，一直是兄弟姐妹四人的主心骨。他兴趣爱好广泛、多才多艺，尤其喜欢摄影，经常是相机不离手。每次拍照，他从取景、摆位、配光到冲洗、放大照片，样样精通。至今，在栾千的相册中，珍藏的她幼年、青年时期的精美照片，多是大哥当年的佳作。大哥还爱好摆弄各种电器，他熟悉无线电，掌握电工技能，并善于设计与操作，家里的电器修理以及电气安装工作全由他包揽。到了中国社科院文学所后，他继续发挥多面手的才能，亲自操作电影放映机给全院员工放电影；他为院内礼堂设计安装了灯光照明与电路控制系统，哪里出了小毛病都是请他去维修。上世纪六七十年代，电视机在市面上还是稀罕物，他亲手用电子管组装了一台电视机，还请我们一家人前去观看他自制的电视机收到的文艺节目，使我这个无线电系毕业的人都羡慕不已。

2006年栾贵明兄妹四人合影（右二为作者栾千）

人们都说栾贵明是能人、是全才，他的能力与才华更表现在家庭事务的处理上。因为长辈多在外地，弟弟和妹妹们都在校学习，只有年迈的姥姥和贵明大哥在京，他这年富力强的青年人自然成了处理家庭重大事情的主角。1966年"文革"爆发，在打砸抢中，红卫兵抄了姥姥的家，姥姥被打，漂亮的四合院被砸得一片狼藉，全家贵重的物品连同他与弟弟妹妹们的生活用品全部被抄走，兄弟姐妹无家可归。当时在政治乌云泰山压顶形势下，贵明大哥挺身而出，只身找到主管部门评理，首先要回了部分急需的衣物。此后，他更是作为全家人的代表，一次次申诉，才要回了全家部分被抄走的物品。在他的多次要求下，商定在姥姥的四合院被强占期间，临时借用五套住房，解决了父母回京后和部分在京弟妹的安身之处。

贵明大哥对栾千和我更是关怀备至，我家遇到困难都请大哥来帮助解决。栾千病了，做过几次大手术，都是大哥安排医院，请他的医生朋友亲自主刀医治；七十年代末，我住院做胃切除手术，栾千因加班无暇照顾，是贵明大哥亲自来医院连夜为我陪床护理。我们生活上的难题，也多是大哥帮助解决。"文革"中"清华武斗"，"造反派"强占我们的校内宿舍，把我们俩和贵时二哥赶出校门，三个人抱着行李只好跑到大哥家避难。我们觉得这么多人挤在大哥家实在不便，决定在栾千学校附近租一间民房。大哥挽留不住，便自己借了一辆三轮车帮我们搬家。不巧，我和贵时闯祸把三轮车弄坏了，大哥二话没说又亲自请了一位师傅帮我们搬了家，使我们躲避了清华的"百日武斗"。

……

贵明大哥是研究中国古典文献的知名学者，他在专业领域的造诣是众所周知的，尤其是他跟随钱锺书先生开创了古典文献数字化的先河，是业内翘楚，著名的资深专家，并享受国家的特殊津贴。上世纪八十年代，年富力强的他带领着一批年轻人在社科院文学所建立了计算机室，着手将数字技术应用到古典文献领域。贵明大哥不惧困难，矢志不移地坚持钱锺书先生指引的方向，决心开创中国古典文献数字化道路。此后三十余年，他带领一批年轻学者，从数字编程到索引逻辑，从古文造字到关联剪辑、海量比对，攻克了一道道技术难关，开发出独具特色的"中国古典文献数据库"。他们利用数字技术兢兢业业地从各类古典文献中，挖掘出一件件文化瑰宝，从八十年代的《论语数据库》，到九十年代的《全唐诗索引》《全唐文新编》；从二十一世纪初钱锺书先生的《宋诗纪事补正》，到《十三经索引》《永乐大典本水经注》；2009 年出版《乾隆大藏经》；2011年出版了《千家诗选》；2014 年召开发布会并出版了《中华史表》；逐步完成大著"万人集"中的一系列数字化的古典文献精品，为国家和民族文化做出了不可磨灭的贡献。

特别是十多年来，北京扫叶公司硕果累累、事业蒸蒸日上，贵明大哥却因终日操劳，身体健康每况愈下。他因多种疾病几次住院并做了大手术，虽经多方治疗和保养，耄耋年龄的他不得不放下手上的工作卧床养病。2022 年 12 月 11 日，我们在泰山饭店探望病中的贵明大哥，不想成了与大哥最后的永别。突然失去了我们敬爱的大哥、良师益友，也失去了心中的精神依托和期待，我们悲痛欲绝。贵明大哥驾鹤西去，可他那才华横溢、学识渊博的身影以及博学多才的音容笑貌永远活在我们心中！

2023 年 3 月 10 日写于海南

往事如烟缕缕香

王杭生

一阵手机铃声，打破了冬日清晨的宁静，窗外的天还没亮。赶紧拿起手机，显示"栾贵明"，出什么事了？接通后，那边传来大表哥熟悉的声音："没事，打扰你睡觉了，昨晚我想到一些事，和你说说。"没事就好！说的是家族里的琐事，末了，我问他怎么起这么早，他说在医院，我又是一惊，病了？"没事了，他们在给我办出院手续呢！"听着他那略带沙哑的声音，知道一定还是身体出状况了！讨厌的疫情，让人们总是在害怕着什么，我也是两个月前刚做了两个心血管支架，与世半隔绝状态。自然是电话里向大表哥表示了问候。谁料想，这是我与大表哥的最后一次通话，三周后，我亲爱的大表哥与世长辞了！我再也听不到那个熟悉的亲人声音，心如刀绞！

栾先生是我的大表哥，二姑妈家的长子，我们这辈人有九个，他是老大，我是老小，整整差二十岁，是同一天的生日（这也是近几年才知道这么巧合）。原先是一大家子一起生活，被抄家后就各奔东西了。

我父亲辈有三个人，两个姑妈都在外地工作，各带一个最小的孩子在身边，其余都放在京城姥姥身边（我的奶奶），我父母自然就扮演了"家长"的角色。栾先生是家中孩子老大，和我父母年纪相差不大，小我父亲十一岁，小我母亲八岁，关键是在学习、工作上交集还颇多。我父亲是北大文学系毕业的，后来留校做助教，后又给何其芳先生做助手，是社科院文研所最初筹建时的五个人之一；我母亲从南京大学毕业后分到社科院文研所给王瑶先生做助手，和杨绛先生曾在一间办公室办公。栾先生北大中文系毕业，毕业后也分到社科院，当时文学、历史在一个所，是不是关系太近了？！由于这些关系，我与我的大表哥栾先生自然亲近，我在他眼里就是个小弟弟，时至今日，我都六十多岁了，栾先生还有时会在叫我小名时冠上一个"小"字。

栾先生在外人的眼里是位学者，明史专家，钱老的学生，是"中国古典文献数字化工程"的奠基者和创始人。在我眼中他睿智聪明、知识渊博，既彬彬有礼又刚正不阿，是一位慈祥的兄长。

记得小时候去栾先生东交民巷的家，有一件事给了我很深的印象，那个时候，普通人家鲜有电视机，他家有一台，而且有一个木制的电视柜，一问，这些都是栾先生亲手做的！好不简单，攒个矿石收音机简单，装个电视就不那么简单了。而且还做木工，做了一个精致的柜子。真行！他聪明好学，动手能力强，也难怪后来成了社科院计算机室的主任，他能成功地建设"古典数字工程"不是凭空而来的。

在我小的时候，和栾先生见面不多，仅有的几次在家里遇见，也都是他和我父母聊，小孩子也听不懂，但每次临走时，会来看看我，摸摸头或者在耳边跟我说句悄悄话。后来，栾先生从社科院退了出来，全身心搞"古典数字工程"，相对来讲见面机会比以前多了一些。

第一次去扫叶公司见栾先生是在东单三条的一个小四合院，这里很小，很拥挤，在刚进大门处有一块铭石，上面刻有"扫叶园"三个字，这块石头，我后来在几个转移的公司地点都看见了。栾先生把我拽到一台电脑（可能是386吧）前，给我较为详细地介绍他搞这个数据库的特点，重点讲了两个特点：一是，遵照钱先生的思路，打破以往编史按年的套路，以人名为主线，年代为辅线来设计。正是这一打破常规的思想，为后面越累越多的数据打开了一个左右联系、上下贯通的路子。二是，选用了仓颉字库，因为这个字库有比较完整的繁体汉字，事后也证明用对了。除了这个工作，还有就是筹备出版《管锥编》这部大作。当时我很好奇，为何公司取"扫叶"为名，大概记得栾先生说有两个意思：在历史长河中，每个对历史有贡献、有见地的人和事，那些文字的记载如同一片汲取了养分的叶子；再有，新中国成立前有一间很大的全国连锁书店叫"扫叶书店"，他是常客，后来书店一夜之间消失！栾先生就把这个名字拾起来用了。

扫叶公司前后搬了几个地方，大多是因为经费问题。城里的房租太贵，只能往城外搬。公司创建之初是大量的投入，只有投入、投入！公司这一路走来，基本完成了"古典数字工程"，所付出的辛苦，我略知一二。见到过近百人的兴旺，也见过六七人的惨淡。但是栾先生、田奕、陈飞等几个公司元老坚持了下来，梅花香自苦寒来，这个世界上所有的成功差不多应该都可以用这句话来概括！

每次我到一个新的公司办公地点，栾先生都请田总带我去资料库看。刚开始是一间二十几平方米的屋子，几排书架，上面垒放着"复印书"；后来再去新的资料库，就是两大间，近百平方米，书架上的"复印书"也堆到了天花板。这些拷贝都是一本古书一本古书以蚂蚁搬家的方式从各个图书馆复印回来的，要把民国以前的所有书籍都录入，想想是一个何等规模的工作量？！有些孤本、珍本的复印更是难上加难。一开始，我并未体会栾先生的良苦用心，后来，渐渐明白了，就是这些一块块砖砌成了今天"古典数字工程"的大厦！我见到栾先生总是会说：你在做的是一个伟大的事业！他总是说，我在完成钱先生交给我的任务。

栾先生，我的大表哥已经永远地离开我们，他的骨灰撒进了大海。

在最近的一两年里，我大表哥给我的电话多了，他告诉我从公司一线退了，让田奕总他们去具体管理公司了。因为一只眼睛失明，因为心脏做了搭桥手术，因为肾癌尿血，因为他实在累了，干不动了。我大表哥还告诉我，"古典数字工程"基本上完成了，他可以松口气，现在整理出来一万多本可以出版书的目录，涉及五千多个古人。他还告诉我，现在有了投资方，现在国家有关领导、有关部门也关注了这个项目，"惊天动地"是领导给予这个项目的评价！他有好消息总会先告诉我，他得病总是事后问了才云淡风轻地说两句。

他近来打电话时总会聊到我的父母，只言片语间，好像他在写文学所的回忆录，还给我发了七十多年前我父亲的老照片，抄家时我家的相册被烧了，能够勾起回忆的老照片几乎没有，倒是在外面的亲戚手里还有一些。一天他突然来了一个电话，说："像你爸爸这样的人已经绝了！"再有问我他转来的文章看了没有，寥寥几句就挂了。其实我爸和我大表哥的关系实在好，滑冰、游泳、照相、读书，工作时还曾经是同事，于我大表哥说，我父亲既是"家长"，更是"兄长"。对于我的父母，我的大表哥，如果有人问我，你对他们什么印象？印象大概只有一个，就是灯光下那永远孜孜不倦的背影！

人的生老病死是自然规律，无法抗拒。我们所能做到也能做好的，就是在活着的时候做到有价值，能够给予身边的人以快乐，这也许就是人生的意义。

我怀念栾先生，想念我的大表哥。

跟随栾先生

任　刚

"大舅要过来。"

"啊——"

儿时每次听到妈妈提醒这句话，我第一反应都是这个"啊——"。因为，在我心目中的大舅栾贵明是个大人物，他什么都懂、什么都会，连喜欢人的方法都特殊，就好像一棵大树把我们都拢在怀里稀罕似的。我在初中作文中曾写道："我的大舅喜欢我最热烈的方式，就是过来踹上我一脚，或者玩儿命地搂住我，让我无法呼吸，向他求饶。"所以我既喜欢他，又有点怕他。大舅是个能人，我第一次看到电视就是在我大舅的家里，他亲手做的黑白电视机；记得我会唱的第一首完整的歌《弹起我心爱的土琵琶》，也是我大舅用他高大上的盘式录音机给我录的音，这些可能就是预示着后来的我要从事电视录音行业二十多年的契机吧。

真正追随我大舅的事业是在 1994 年我大专毕业后的八年里，记得刚加入大舅的团队，大舅就对我说："以后叫我'先生'就可以了。"于是我也特别荣幸地用上了"栾先生"这一称呼。也就是从那时候起，我才真正接受到了栾先生的"思敏"和"博学"对我的熏陶，更是能伴随着一位学者大师来指导着我的言与行。我伴先生左右，先生育我一生。

初创"古典数字工程"团队，栾先生呕心沥血。在先生心中，他是现代整理古籍汉学文化的发起者，是对钱锺书先生思想的伟大传承，更是他本人为能完成对钱锺书先生的承诺做出的身体力行。栾先生是团队的核心，思想的核心，创绩的核心。栾先生平易近人，没有架子。他特别爱跟人聊天，而每一位跟栾先生深聊过后的人，都能有如获至宝的感觉。有一回，栾先生的一位朋友找到他，想求个题词送给医院的同事们，栾先生寻思片刻，一语道出"杏林撷英，可用董其昌的字做个匾"，当时在座的都还在琢磨是哪些字呢，栾先生已执笔写出了这四个字，看大家都还在疑惑，便说道："杏林是中医的统称，也就泛指医界了，出自东汉末年的一位名医，叫董奉，他医术高明，治病救人从不收取报酬，患者康复后为了报答他，每次都在他宅园的边上种上几棵杏树，长此以往就变成了一片杏林，由此就传名了；撷，'鞋子'的'鞋'那个音，在《说文》中，释'摘下'的意思；英，就是英豪了；——明代赵孟頫也曾画过一幅《杏林图》送给了为他治好病的医生，叫严子成；但我觉得赵孟頫的书画太过丰盈华贵，皇家气太浓，与老百姓心中的医者仁心相距有偏差，所以我觉得用董其昌的字，更能体现沧桑杏林的风尚和傲骨，另外，他也姓董，本家嘛——"大家都陶醉于栾先生的幽默言语，其后豁然开朗，深感栾先生学问渊博和功底深厚啊。

年轻人都喜欢跟栾先生聊天，他也爱听年轻人说话，因为他总能快速捕捉到年轻人的思想，敏锐地提炼出新的思路和想法，冠以幽默的引导，加上他老人家渊博的学识，把道理说得清、道得明。我有个发小，跟着我一起管栾先生叫"大舅"，经常来我们工作地点和栾先生聊天。他毕业参加工作后觉得自己名字太难听，就到派出所把自己的名字给改了，改完后到栾先生面前显摆自己名字改得如何好，可是没过一会儿，就被栾先生逗嘲地起了一大堆外号，我们笑得前仰后合！每一个外号都充满着学者幽默和谐趣。我的发小当时真是欲哭无泪，无言以对，只能悻悻接受。栾先生紧接着就慈爱地跟我们道来："起名字啊，是件非常庄重而有学问的事情，它需要迎合天时、地利与人和，文字上也讲究音、韵、形、序，更要注重用字的语义和语境。你别看这外号，它更是要具备诙谐和幽默的特质，从众口巧言当中来，要非常上口而奇妙，尽可以做到高雅而贴切，能够达到雅俗共赏的境界，最好。用字，首先要学会查字典，汉字的每个字都是有它固有的出处，都是有典故的，用准喽，可不是那么容易的事情。说起汉字字头，现在我们知道能用的古籍汉语用字量就有八万多字，《康熙字典》标音能念出来的有 47053 个，咱们'古籍数字工程'所用的繁体字是 BIG5 码，共 13051 个汉字，大陆现行的简体国标汉字，所谓的 GB 码才 6763 个，就这些数字一比较，你们说，它能标识出中华上下六千多年文明的精妙吗？！而且汉字左右结构的字形，在古籍整理和书写时自上而下的行文，都能实现文字精准达意，顺理成章，有利于流畅地阅读。所以你看，咱们的国家语委，对汉字的大简和大改对吗？特别是有些汉字，简化以后，已经完全是字不达意了。比如：'乐'跟'樂'，'后'跟'後'，'几'跟'幾'……不说了，太多了。"栾先生的话至今还萦绕在我耳旁，记得我打那个时候起，工作台上就永远备着《辞源》或者《辞海》了。

栾先生带着我做早期的"中国古籍数字工程"项目有《全唐诗索引》《百衲本二十四史》《中国书法经典》等等，当时栾先生创造性地统称其为"电书"，记得当时我们还为此去申请专有名称，被国家专利局审核后给否了，说是名称太过垄断、太过广泛，不予注册。但当时这一名称的起源真可算是栾先生的奇思妙想，甚至连英文名称 TELEBOOK 都造好了，可惜至今再也没有人用过或者提过这个词了。1994 年中国电信在北京首发互联网接入账号，栾先生立刻让我们去排队申请，而且必须要申请下来，邮箱名称定为：telebook@public.bta.net.cn，现在想想这都是他老人家对互联网数据交互的期盼，也是对新形势下，新技术运用在"中国古典数字工程"的探索。

"中国古籍数字工程"初创阶段的艰辛，历历在目，栾先生总是能在遇到困难止步不前的时候，想出一些奇招去应对。从他身上我学到了"方法永远比困难多"。记得有一次我和同事想从一个坏硬盘上恢复出主根下的初始目录，怎么尝试修复坏道，甚至用程序跟踪连接都不行，就准备放弃了，栾先生此时过来了，"你们没招了？是真的没招啦？那就我来吧！去，给我找一个一模一样的好硬盘来。"他老人家戴上眼镜，蹲下身，把好硬盘连接至电脑，开机加电，系统硬盘启动正常到 DOS 系统提示符，只见他搓了搓手，歪头听了听硬盘声，把系统硬盘的数据线带着电拔了下来，直接插到坏硬盘的数据端口上，用键盘敲下 DIR 指令，一回车，坏硬盘上根目录的内容就显示在屏幕上了，我和同事都目瞪口呆，愣了一下神，赶快记录下了坏硬盘根目录的所有内容，真服了他老人家了。

栾先生对我的爱护是在意会而不在言中的。记得我在参与《敦煌宝卷》古籍图片整理的时候，不慎把敦煌研究家张曦厚老师珍藏的敦煌宝卷胶片给撕裂了，我当时又懊悔、又害怕，相当忐忑，脸儿都吓白了，栾先生在旁边看着一直不说话，我就更害怕了，到张老师来取胶卷时，栾先生在一旁笑着说："老张，你看看你的胶卷都撕裂了，我们还是把它给完整地扫下来啦！"张叔叔笑着对我大舅说："肯定是你干的！扫全了就行。"此事以后，我真是长记性了，栾先生交代的所有事都要谨慎，要做到胆大心细，不求有功，但求无过。

出于个人原因我2000年离开了栾先生的团队，所以自认为不是一个合格的栾先生的学生。在短短的八年时光中，栾先生的举手投足、音容笑貌始终驻留在我的脑海当中，我想这也是所有接触过栾先生的人的共情吧。我始终认为栾先生的事业，是他的人生情怀，他的每部大作都是他对这份情怀的礼赞。当我的事业遇到困难止步不前时，耳畔响起的是栾先生当年给我的嘱咐："你选择好自己道路，做事情就一定要记住坚持，坚持下去。"当我拿不准一个汉字的读音时，栾先生教导我说："别张嘴想当然地就读，查查字典再说。"当我编写程序遇到逻辑代码堆砌、混乱时，栾先生的声音就会在旁边提醒我："一定有更优化的算法和逻辑，比如黄金分割法什么的——"当我质疑程序对数据检索结果不一致时，栾先生不假思索地说："只可能是人的毛病，机器是不会出错的。"记得我们完成了每一阶段的数据汇总，栾先生总是断然强调那句话："别臭美了，备份！备份！"

历历在目的场景，伴随着我的工作和生活，就好像栾先生为钱锺书先生编的那一册文集所命名的那样，真是《一寸千思》啊。

2023 年 3 月 19 日写于北京

远征星辰大海　归来仍是少年

栾　逊

　　老栾家曾经有两位爷，那会儿一大家子人都住在北京城一个温馨的四合院里，院子里的人都尊称他们"大爷（yé）"和"二爷"，兄弟二人也仅仅相差两岁，大爷栾贵明、二爷栾贵时。因为家父行二，所以栾贵明就顺理成章地成为我"大爷（ye）"。兄弟二人在"互卷"中茁壮成长，最终一个考入北大，一个考入清华。北大中文系的栾贵明喜欢鼓捣半导体，据说还给家里组装过电视机，更像是被北大"耽误"的理工科人才；清华工程化学系的栾贵时喜欢舞文弄墨，文字功底也不容小觑，更像是被清华"耽误"的浪漫诗人。他们仿佛一个在证明自己文学造诣的同时理工方面也是天分满满，另一个也不甘示弱地宣示自己精通工科的同时也能出口成章。在我这晚辈看来，二位爷都是那个时代的人才，都是家族的荣耀，并成为各自领域里的翘楚。一个主攻中国古典文献，创建中国古典文献数据库，是当今研究《永乐大典》的权威学者，五十一岁就在高级知识分子云集的中国社会科学院获得国家特殊贡献奖；一个在清华大学读研后获得银质奖章，就职于中国科学院等离子体物理研究所主攻中国核聚变研究（中国的"人造太阳"），构建中国首个托卡马克核聚变实验装置，以解决全球能源危机。在我眼里他们都是为社会做出了杰出贡献的精英，借用当下的时髦表述"二位都是行业领袖"。

2019年家父离世，2022年大爷也因病与世长辞，我想兄弟二人应该携手一起远征属于他们的星辰大海去了，留给我们大家的是对他们的思念和缅怀，记忆中留存着他们对待生活的不卑不亢、对待工作的一丝不苟、对待人生的积极乐观。

儿时的我大部分时间跟随父母在外地生活，与大爷接触的机会有限，从外观上大爷和家父颇为相像，都不算特别"友善"的那种，所以小的时候对父亲日常严厉教诲的恐慌也会不由自主地迁移到大爷的身上，总觉得他们骨子里有着一样的倔强、一样的严厉、一样的愤世嫉俗。只不过一个彰显、一个内敛，一个针锋相对、一个刚柔并济。

我随父母回京定居后，随着年纪的增长，跟大爷的接触也较之前频繁，让我感受到二位老人对待新鲜事物的好奇心颇让我这当晚辈的刮目相看，尤其是大爷，真可谓涉猎广泛。他关注周围所有人在关注的新鲜事物、新技术业态、新文化现象，很显然他并不满足于成为中国古典文学领域的专家学者，创新的精神始终在这位耄耋之年的老人身上熠熠生辉。他很早就前瞻性地提出并发起"中国古典文献数字工程"，这与目前国家提倡的数字化升级不谋而合。

我印象最深的一次与大爷的交流还是一年多以前，当时区块链技术和数字货币概念刚刚在全球兴起，因为我从事的数字娱乐领域很多科技类企业和互联网娱乐企业纷纷尝试将此类技术运用于商业化场景。大爷在八十岁高龄仍然兴致盎然地在电话中与我深入探讨区块链技术如何运用于数字内容的确权和版权保护，他老人家对于前沿技术领域的创新应用如此关注并能迅速联想到古典文献数字出版过程中的版权保护和内容确权，其发散思维能力不输年轻人，其对于新技术的全新应用场景敏锐的嗅觉令我们晚辈都感到惊讶。

大爷曾经询问过我关于现在年轻人喜欢的"二次元文化"，当代年轻人关注的数字娱乐内容以及自媒体的传播方式，对应他的思考便是如何通过更加有效的渠道和形式辅助中国古典文学的传播推广和影响力的增强。其实这几年我也越发感受到国家对于中华传统文化在年轻人群中传播的重视，"国风""国潮"文化正在全面兴起。

在与大爷的日常沟通中他也非常关注晚辈的兴趣爱好，我个人平时喜好书法，有时他老人家也会颇有兴致地给予点拨，他曾多次强调临帖的重要性，指出我练习的频次还需要增加，通过入帖出帖来最终形成自己的风格，其指导意见与书法老师的教导可以说是高度一致。

虽然大家因为日常工作繁忙，沟通交流的频次并不高，但每一次交流彼此都能有所收获，尤其是每一次家庭聚会上都能有幸聆听到大爷的教诲以及他本人对人对事的观点和态度，让我受益匪浅。

现在，家父和大爷先后离世，我虽不舍且心有遗憾，但每每想到或许对于二老来说只是一段人生旅程的结束，同时也意味着下一段人生征程的开启，等待他们的也一定会是更加精彩的生命轮回。

2023 年 5 月写于北京

怀念挚友栾贵明学兄

汪铁华

我和栾贵明是中学的同学，但不是一个班。考入北大以后由于不在一个系、不同专业，学习和各种活动又很忙；工作以后又在不同的单位、不同的岗位，所以一直联系不太多，平常也就是几个喜欢鼓捣电器的老同学凑在一起交流交流。我和老栾联系多起来是从八十年代开始的。记得有一次见面时栾贵明和我说，要我给他们讲讲计算机的知识，说是要了解计算机。学文的要学计算机，我感到很新鲜。我到他们那里才知道他是要用计算机整理中文古籍。于是我开始给他们做了一些计算机基础知识和 BASIC 语言的讲解课。1985 年的一天，栾贵明找到我的单位，跟我说他弄到了一台苹果计算机，让我到他家里看看。跟他到家以后，看到了一台老式的苹果机。他说要用这个学计算机，开始搞中文古籍整理方面的工作。他通俗地解释说，比如有一句唐诗"春眠不觉晓"，我希望用计算机能够找出这首唐诗的全文、作者以及相关的各种资料信息。让我帮助他学习计算机编程的基本知识，以便开展工作。我答应了。于是我就从头开始，帮他学习 BASIC 语言，编写小的检索程序。那时候我有空就到他家里去，经常搞到很晚才回家。说实话，对于一个学文科的人来说学习计算机是很不容易的。开始时打字母找不着键盘的位置，学 BASIC 语句也不容易。特别是那些看不见摸不着的控制字符，很难理解。真是万事开头难哪。可是老栾刻苦努力，没多久就闯过了这些难关，能自己编写小程序了。接着，他就开始进行在计算机上开发中文检索系统的工作。边学边干，老栾的计算机知识水平得到突飞猛进的提高。很快，他的 FD-A 全汉字图书管理系统完成了，这是国内第一个全汉字的图书管理系统。1985 年 4 月 17 日，《光明日报》下属的中国广告信息报科教部为其组织了演示鉴定会。参加鉴定会的有中宣部出版局图书馆处、文化部图书馆局科技处、中国人民大学图书馆、北京市计算机技术研究所、北京无线电技术研究所、中国计算机技术服务公司、中国社会科学院等有关单位代表，以及部分新闻单位的记者。我和我所的陈成高级工程师等三人，北京计算机研究所副所长徐云章等受邀参加了鉴定会。鉴定会对这个研究成果给予很高的评价，并在改进和推广方面提出了很好的意见，希望继续向前发展，取得中文图书检索处理的更大成果。

初战告捷，老栾又乘胜前进，不断地扩大自己的技术范围，引入了 PC 机、Windows 操作系统。为了解决多数普通汉字输入法无法输入古文繁体汉字的问题，他学习研究了仓颉、四角号码等多种繁体汉字输入法。他了解了汉字操作系统、繁体汉字字库、检索程序等方面的知识。他还结识了大陆、台湾等相关领域的专业从业人士，大大开阔了眼界。我记得他还拿了台湾出的汉字库汉卡给我看，让我分析研究。后来栾贵明对我说，用计算机整理中文古籍的方向是钱锺书先生提出来的。钱先生还创造性地提出了"电书"的提法。老栾表示他一定遵照钱先生的建议，把这项工作坚持搞下去。

在前一段工作的基础上，老栾的计算机工作不断扩大。他的周围聚集了一批年轻有为的青年人，工作也全面展开。大量录入中文古籍。在录入过程中遇到了大量古籍中的生僻汉字。为此，在仓颉输入法的基础上，扩大编写了包含数万字的中文古籍中用到的生僻繁体汉字的汉字库。用各种不同的计算机语言编写检索程序，提高检索的效率和速度。逐步实现用计算机检索整理中文古籍文献的目标。这样，栾贵明的计算机之路就从最初启蒙的苹果机走上了用计算机检索整理中文古籍数字工程的宽广大道。几年后，我到他们的公司去看的时候，他指着满满一面墙的书架里的大厚本子对我说，这都是他们扩充编制的繁体汉字库的详细资料。这时的老栾操作起计算机中文古籍检索系统来已经是游刃有余、轻松自如了。他通过检索《永乐大典》，和萧源、张守知、张永安、戚寿增、刘同栓等医生朋友一起在人民卫生出版社编辑出版了《永乐大典医药集》。我的一个秦姓的同学研究整理先祖秦观的资料，我也介绍他找到栾贵明，利用检索系统查找、检索资料。利用这个中文古籍检索系统，栾贵明的公司整理出版了一本又一本的相关文献书籍。这一系列的成果开辟了古典文献计算机处理和研究的新天地。栾贵明也成为享誉中外的著名学者、著名中文古籍文献学家。

光阴荏苒，和栾贵明先生一起探索计算机应用的经历已经是三十几年前的事了。但是回忆起来历历在目，就像发生在昨天一样。这三十几年并不是平坦大道，栾先生也曾和我说过他所遇到的各种困难和艰险。但是他都直面对待、毫不退缩。他那种不畏艰险、勇于探索的精神，那种顽强刻苦、百折不挠的作风给我留下了深刻的印象，这种精神和工作作风还体现在很多平常小事上。比如，在历史文物的鉴定方面，他曾经问过我 C-14 鉴定年代的准确性问题。在做房屋建设时，他曾经问过我导线截面载荷电流和电气开关的载荷问题。在计算机软件编码方面，他曾经和我探讨过 ASCII 编码的渊源以及发展改进的可能性问题等等。他所提问题的广泛程度和追问的深度常常使我无法立刻回答，往往需要上网搜索很多相关资料才能给出答复，甚至反复几个循环才成。

这些年来老栾对我的生活工作各方面都给予了很多关怀和帮助，像我的老大哥一样。栾贵明先生的不幸去世使我失去了一位最亲近的良师益友、老学兄，万分悲痛。谨以此文表达我对他深切的怀念。

2023 年 5 月

难忘同窗好友栾贵明

王人殷

2022 年 12 月，纽约已是冬季，但并不冷。突然收到栾贵明去世的消息，顿时我的心降到冰点——怎么会？前不久我和他还在微信里聊天，他问我父亲纪念馆的情况并说要为钱锺书先生建立纪念馆；谈到其夫人马蓉的病况；我还读了他发来的文章；又约定疫情后我与他见面……我虽知道他身体已有恙，可无论如何没想到他走得这么快，这么急，我实难以接受啊。

高高的个子，鼓鼓的脸庞，灵动的眼神，洪亮的笑声，身背照相机匆匆走路的身影——大学时他的样貌再次闪现在我的眼前。1959 年 9 月，我们考入北京大学中文系，我在文学专业，他在古典文献专业，我和他相熟皆因他追求的同班女生马蓉是我的好朋友。那时与马蓉相熟的女同学大多不赞成此情，认为马蓉漂亮聪慧，栾贵明配不上。然而，我知道马蓉看重其头脑机灵、办事能力强，我便成了两人传情递意的红娘角色，贵明对我自然另眼看待，时不时还讨好我一下。1964 年全年级的毕业大照片至今还被同学们珍藏着，这是贵明组织拍摄的，完成得如此出色，可见他办事能力之一斑。正因为他的执着成就了栾马的姻缘，也让我看到栾贵明坚定不服输的性格。

大学毕业后我与他们夫妇仍联系不断。他们的婚礼，他们女儿的诞生……我都在场。"文革"时期贵明所在的中国社会科学院形势复杂，他也深陷运动的漩涡，尽管有太多的不理解却能基本保持内心的正直。我的父亲与文学所所长何其芳夫妇是老朋友，我父亲常从贵明那里了解他们的情况，每每说到有关何其芳的状况，我总能感到贵明心中的同情与不安。

栾贵明为人仗义，热情，乐于助人。我的先生遇难后，他第一时间带着马蓉赶到我家，帮助我料理后事；一周年忌日时他陪我去扫墓祭奠，开导我安慰我，帮我从悲痛的阴影里走出来。他为我父亲治疗小肠疝气联系医院，找医生进行手术，一切都安排得十分妥当。他使我深深体验到友情的温暖。

栾贵明虽是文科出身，但有工科的头脑和动手的能力（他原本打算报考理工科，只因一场病才学了文科），他能用各种零件组装成一台电视机；他很早掌握了使用计算机的本领，建立了计算机室，当然也由此引来了不断的麻烦、挫折和打击。他不气馁不示弱，忍受着不公平的对待和委屈。在钱锺书先生的启发和指导下，他开始钻研将古典史料纳入数字化。他发起建立"中国古典数字工程"，忘我地工作，分秒必争，几个星期都不回家，马蓉却很理解，她笑着对我说："你还不知道嘛，他这个人干起事来不要命！"而今，马蓉病了，失智了，她不知道他的爱人已经永远离她而去，这尽管免去了她撕心裂肺的痛苦，却也留下了终生遗憾。我希望也但愿那个年轻热情的栾贵明永远留在她的记忆里，永远陪伴着她！

栾贵明遵照钱先生的指导，经过多方抗争，不懈努力，创办了北京扫叶公司。在中国他是把古典文献与科技结合起来的第一人，是创举，是创新；是他开启了挖掘、整理、保存、研究中国古典文化的数字化通道。他培养、带领着一群中青年人，三十年严谨治学，三十年奋斗苦战，将《永乐大典》《四库全书》《论语》《全唐诗》等等三百多种中国古典论著、典籍数字化，构成了传承中华文化的宝库。

栾贵明追随、陪伺钱锺书先生三十五年，先生的人品、思想、情趣让他领悟了做人的真谛；先生的治学理念为他指明了学术方向。是钱锺书铸就了栾贵明的人生道路，成就了中国古典文化数字化大业。栾贵明是个有心人，他搜集、记录了钱先生日常生活中随时随地的关于文化、艺术、哲学等诸多方面的言论，为了解、研究钱锺书提供了真实、生动、可贵的资料。功不可没。

栾贵明怀着对钱先生的崇敬、爱戴和感恩之情去往天国，他在先生面前能够毫无愧色地说：我牢记您的教诲，没有辜负您的期望。

我将要结束这篇短文的一刹那，猛然间似乎一幅画面浮现在我眼前——宁静的菩提树下钱锺书与栾贵明师生携手——祈愿中华文化生生不息，源远流长。

2023.3.10 夜

忆栾贵明

杜书瀛

栾贵明于 2022 年 12 月 19 日去世。没有想到这位老友就这么悄然走了。

我和栾贵明可以说很熟，年轻时候，时常混在一起，无话不谈。他与我同时来文学所，他做古典文献工作，我读研究生。我们年龄相仿，也差不多同时结婚。一次，他领怀着四五个月身孕的妻子马蓉来学术办公室（当时他临时在那里工作），我也领我刚刚来探亲的妻子到那里闲聊。学术办公室的两位老大姐康金镛和马靖云，开玩笑说："我们所的小青年长得都不咋的，可找的媳妇都很漂亮，小杜的媳妇和'栾小子'的媳妇，都是标准的美人儿。马蓉，你说说'栾小子'是怎么追上你的？"马蓉虽然身怀六甲，但看来，仍然很苗条，很秀气，那时她已经是中华书局的编辑，很大方地说："咳，甭提了，他追我的时候，我们家的门槛儿都快叫他踩平了……"

"栾小子"，这是当时我们对他的称呼。他做事有股蛮劲儿，说话愣头青。平时没正形儿，对朋友没正经，尤其对我，几乎没有一

26

句正经话；说正事儿，也以不正经的方式表达。虽然他看起来没正经、没正形儿，而且他也并非完美无缺，有时莽撞，会说错话，也会做错事；但他为人处世很诚恳，做人很真实，不像有的人，总让人觉得有些虚。人应该真实。我崇敬的就是真实，我自己也努力做到真实。我曾对朋友说：我不是一个好人，也不是一个坏人，我是个不好不坏的人——一个真实的人。

栾贵明年轻时得过肺结核，临高考，他把原来报考理工科的志愿临时改为文科，进了北京大学中文系文献专业，但一直念念不忘的是他的自然科学和理工科。他是个"能工巧匠"，五七干校在河南，他喜欢摆弄照相机，喜欢摆弄电器——所有电器活儿（修扩音器、放电影、修电灯电话……），都是他的"专利"，有时他不在，"黑暗"一片。

从河南五七干校回京后，一次吴晓铃先生家（校场头条）的下水道堵了，请几个年纪稍轻有一把子力气的朋友和学生帮忙，于是我们三人——那时正赋闲在家的京剧武生王金璐（他后来被称为"武生泰斗"），文学研究所有名的"拼命三郎"栾贵明，还有我，应声前往吴先生的四合院。三人中，栾贵明力气最大，说说笑笑，不到半天，活就干完了。中午吴先生请我们吃了一顿丰盛的午餐，席间海阔天空聊起来——那时不谈政治，只说闲话。我不善谈，话少，听的时候比张嘴的时候要多；王金璐，只是谈到京剧才激发他的兴趣，言语间颇有感慨；说话最多的是吴先生和栾贵明。栾贵明家在北京原有自己的住宅，小学、中学、大学、参加工作……没离过京城，说到北京的街巷风情，他与吴先生你应我答，兴奋异常。

"文化大革命"之后，他到古代文学室，我在文艺理论室，各忙各的业务，没有时间扯闲篇，只是有些烦心事或特别重要的事，他特意找我说说，但总的来说接触少了；退休之后这些年，我和栾贵明更是很少联系，也很少见面，他的住处，据说很远，他也没有说过具体地址，平时也少有电话。因此，近些年，于我，他渐渐像"桃花源中人"，隐去了。他逝世的消息，我当时并不知道，是住在悉尼的另一位好友许德政打电话告诉我的——北京发生的事情，要通过越洋电话我才得知，惭愧。

一个人活在世间，他的生生死死，不免让朋友产生许多感慨，栾贵明的许多事情，就令人唏嘘不已。

……

栾贵明是有贡献的。光是中国古籍的数据库（今天应该叫"数字学术"）这一项，就了不起。人们不应该忘记他。

说来话长。钱锺书先生曾经策划并指导过一项宏大的学术工程，这就是"中国古典文献数据库"，后来叫"中国古典数字工程"。这项工程的具体执行者，是栾贵明。关于这项工程的情况，最早（二三十年前）是栾贵明告诉我的。当时栾贵明正帮助钱先生查询宋诗资料，十分烦琐，费时费力，速度极慢。钱先生女儿钱瑗到英国进行学术访问，看到英国学者借助计算机研究莎士比亚，钱先生想：我们为什么不可以借助计算机研究中国古籍？实际上这是中国"数字学术"的最初构想，是大手笔的学术开拓和创新，并且具有超前意识。钱先生把这任务交给栾贵明。"拼命三郎"栾贵明"白手起家"——从学习计算机开始，承担起钱先生提出并设计的"中国古典文献数据库"工程。缺资金，钱先生从他的工资里出；缺人手，钱先生帮他物色合适人选。就这样，在钱先生精心策划、指导下，栾贵明逐渐建立起一个由十四人组成的计算机室。开始是录入《宋诗纪事补正》，后来逐渐扩大，录入《论语》《全唐诗》《诗经》《道德经》……钱先生还提出要做"四大库"——人名库、地名库、日历库和作品库。遵循钱先生的思路，栾贵明他们又开发出"五附加库"——工具库、图片库、地图库、类书收藏库和数据汇编库。钱先生提出，这项工程要打破经史子集的传统分类，用作者统揽作品，把古籍都收容进去。栾贵明告诉我，"中国古典文献数据库"的名称是钱先生亲自给这项工程起的。这在古籍整理领域是一项创举，实际上它开辟了中国"数字学术"的新时代。2023 年 1 月 4 日，国家图书馆（国家古籍保护中心）、天津图书馆、南京图书馆、云南省图书馆、苏州图书馆、中山大学图书馆等六家单位在线召开古籍数字资源联合发布会，六家单位新增发布古籍资源六千七百八十六部（件），有明清版刻、稿抄本古籍，也有碑帖拓本等特色资源。这很好，但是请不要忘了中国数字学术的拓荒者。

《论语数据库》于 1987 年由人民日报出版社正式出版，钱锺书题写了书名。之后近三年时间，录入了二十七册《全唐诗》，于 1988 年发布了《全唐诗数据库》。1989 年 3 月，举行了"中国古典文献计算机处理技术成果"新闻发布会。但钱先生要求，不要提他与数据库的关系。1990 年，"中国古典文献计算机处理技术"被授予国家科技进步三等奖——我说过，这个奖项的幕后英雄和设计者是钱锺书先生，而具体实施者，是栾贵明。身为社会科学研究者的栾贵明，获得自然科学奖，令人惊奇。这在中国是破天荒第一次。

栾贵明得奖，他并没有亲自告诉我，我是从别人那里知道的，好像得奖，他并不怎么在意。

可有一件事，他却执意找我，急急忙忙向我下达任务——前两年忽然接到栾贵明电话，约我为纪念钱锺书的纪念文集写文章。我当时没有思想准备，也没有这方面的材料积累；正犹豫，栾贵明还是当年的口气，对我说："这是命令，你必须执行，不然就不客气：打板子！"他限某月某日交稿。我在最短时间内，赶写了一篇《读〈人·兽·鬼〉，忆钱锺书先生二三事》，其中一部分发在《文艺争鸣》。

张罗编辑《钱锺书纪念文集》，是栾贵明为钱锺书先生做的最后一件事。他的热心肠于此可见。

不止对钱先生，栾贵明总是热心助人。前些年邵燕祥告诉我，他家电脑坏了，辗转找到栾贵明，二话没说，他拉着搞电脑的张晓光（张炯之子）立即跑去邵燕祥家，给修好了电脑——当时栾贵明对邵燕祥只闻其名，未见其面，没有什么交往。栾贵明的这种品格，平时不觉得，等朋友家里有事，需要帮忙，他就站出来了。所里一些人家里的红白喜事，常常有他在场。但他去世时，夫人马蓉（作为中华书局资深编辑，早就退休了）已经老年痴呆，唯一的女儿远在加拿大，只有两个外甥为他张罗后事。

世态炎凉……不说了。

愿老友贵明兄在天国安息。

2023 年 2 月 14 日

栾贵明晚年心迹

程　麻

惊悉栾贵明老师仙逝的噩耗，心中翻江倒海，苦泪难以自抑。恍惚间我在中国社会科学院文学研究所离退休微信群里留过如下几节文字：

> 近几年，隔三岔五栾贵明老师打电话来"诉衷肠"，尽管自愧帮不了他大忙，但还是愿意倾听他说些扫叶公司的曲折、进展、苦恼等好坏消息，一絮叨就个把小时。好消息是扫叶公司已经成功转型并后继有人且不愁经营，他觉得可以告慰钱先生在天之灵，于心无愧。他做过几次手术，却总反对我去探视。感染新冠前还毫无征兆地跟我开玩笑，竟未能见最后一面。欲哭无泪。他的委屈主要因院里个别人作梗，觉得文学所待他不薄。后一点应代他向所里转述。
>
> 栾老师一直鼓励我研究钱先生，不时传来可用资料。我自觉学力不逮，始终不敢应承，深感愧疚。

后在微信群见卢兴基老师回忆，曾拜访栾老师在北京东单附近的旧宅，又引我想起他生前告诉我的话，续补了以下几字：

栾老师透露过舅父与钱先生是旧识，其私房已捐公。

以上文字仓促而简短，属有感而发也意犹未尽，后来觉得应该责无旁贷再多写一些文字。仅三言两语敷衍追悼栾贵明老师，对我来说有些于情难却又于心有愧。

回溯起来，我和栾贵明老师在文学研究所共事近四十年，但直到我们都是晚年之后才交往比较密切起来，最终竟到了彼此无拘无束披露心境的深度。对此，不管自己还是文学研究所同事，或许都会觉得有点意外甚至莫名其妙。听闻扫叶公司计划出版一本纪念栾贵明老师的文集，胸中亟欲回顾自己晚年与栾老师接触点点滴滴的冲动有些难以抑制。自觉写下一些我们之间交往的如实文字，除可免去某些人的诧异，还会使更多亲朋好友真切感知栾老师晚年心迹的喜怒哀乐，也内含自己对栾贵明老师最后致敬与告慰之意。

同辈栾老师

栾贵明长我三四岁，我们当属同辈人。但自从进了文学研究所，彼此见面时我总称他为"栾老师"。这除了因为我们"文革"后首届研究生在所里，无论大小均自视晚辈，对所里研究人员都习惯尊称。而对栾老师，又知道他是北京大学古典文献专业高才生，而且早早做了钱锺书先生的助手，论学识他也理应是自己名副其实的老师。

当时，钱锺书先生已经学养蜚声中外，而且任中国社会科学院副院长，能被他认选为助手，我推测绝非凡夫俗子。但据栾老师后来直白，文学所领导曾为钱先生指派过的助手并非自己。因为自己的舅舅与钱先生有旧交，北大毕业分配到文学研究所后便与钱先生亲近些。后来在"文革"期间下放去河南干校，文学研究所老先生与小青年们长期混在一起劳动、学习、生活，他与钱先生的交情又深入一步，也越加敬佩他的学识博大精深，逐渐主动帮助钱锺书与杨绛两先生跑跑腿。比如，回到北京后经常替他们借书、收发信件甚至办些生活杂事，已不仅是学术助手所为。至今文学研究所图书馆里许多书后借阅栏写着栾贵明的名字，实际上大部分是代钱先生借读的。他还告诉我，也是从那时开始，钱、杨二先生一般非私密类书信，在封装寄出前都任由他复印留底。为此，他手中积攒了两位先生相当数量的复信，如今不仅是难得的钱锺书研究资料，也成为无价的文物。

到上世纪八十年代，中国社会科学院正式成立并恢复正常科研工作，钱先生加快了自干校开始的论著《管锥编》的编撰进度，栾贵明才被文学研究所正式指派为钱先生助手。他比以前更忙，在文学所匆匆见一面的机会都很少。此后不久，他根据钱先生的睿智与远见并幸得当时中国社会科学院领导慷慨支持，投身中国古典文献数据库工程，创办了计算机室且做得风生水起，在文学所里听到对栾老师的议论也多了起来。当时，大家对栾老师这一发展路径并不惊奇，毋宁说还觉得顺理成章。因为他本就是文学所公认的书呆子群里聪明绝顶的"理工男"，不管是下放干校还是在贡院社科院大院，只要谁要修理收音机或机械用具什么的，首先想到的就是找栾贵明老师帮忙。他不仅心灵而且手巧，没有他不会摆弄的玩意儿。在成立计算机室初始，所里一般研究人员还少有人会用电脑，他则指教一帮外聘的青年男女，能够把古典文学资料分门别类输入到电脑里，令人不禁钦佩叫绝。栾老师前些年还跟我透露，目前电脑输入汉字方法，以五笔编码为代表有多种方案，他独辟蹊径另创的汉字编码方案比五笔字型还简便快捷。国内外曾有多家公司找他洽谈收购这一汉字编码专利，他都拒绝了。他不愿意出售自己的技术专利在汉字输入法领域掀动新的波澜。相信栾老师告我此事并非自夸，也不想让我外传。他确实既有精湛学识又兼具动手能力，却不愿一鸣惊人。他在钱锺书先生指导与鼓励下，成功创立中国古典文献数据库并后续强劲，无非自身聪明才智"偶尔露峥嵘"而已。

从另一角度说，我觉得钱锺书先生后半生选定栾贵明做助手，也并非仅基于私交，两人称得上才智双星且惺惺相惜。一位学养精深博大又见识新锐，在国内外最先提出建立以电脑数字技术收揽与处理汗牛充栋、浩如烟海的中国古典文献数据库的设想；另一位则凭少有的心灵手巧，将钱先生的天才预见付诸实践并成绩斐然。一老一少珠联璧合，成就了华夏传统文化研究的划时代革命。在文学研究所以外的人眼里，钱锺书先生似乎孤傲轻人，难以理解如何会看重并深信栾贵明老师。但在文学研究所内，但凡密切接触并了解钱先生为人的，并不觉得有多么出人意料。以我为例，因为年龄与学识差距巨大，和钱锺书先生直面交往很少，仅有缘叨烦过老先生以下几次：一是我的一位大学学生张晨想翻译美国学者胡志德著《钱锺书》一书，写信要我询问钱先生是什么态度，为此曾写信向钱先生请教。记得那仿佛是国内首本出版的钱先生传记，钱先生回信对此事口气却相当平静、冷淡。他表示注意到胡志德其人，不好反对《钱锺书》中译本在国内出版，但对此类著作不感兴趣，也不会细看或评论。我那学生最终译完并出版了那本传记，我送了一本给钱先生，后无下文。二是我去东北开会，文学所徐公持老师托我代为拜访他的大学老师、时在哈尔滨师范大学任教的吴忠匡教授。吴先生曾是钱锺书先生在抗战期间蓝田师范学院同事，还做过其父钱基博的教学助手。拜访时吴先生动情地回忆，他因历史问题在政治运动中遭受挫折，钱先生曾多次关怀、安慰并赠诗劝抚，令他在不幸时很觉温暖，要我向钱先生转达问候之意。回所后我在电梯碰上钱先生，向他转达了吴先生的意思，他又惊又喜，才将我为《钱锺书》中译本去信事联系起来，表示感谢。三是去厦门大学参加学术活动，时任文学所所长的刘再复要我代向他的大学老师，也是钱锺书先生在清华大学同学郑朝宗教授致意。我去后曾直面请教郑先生，他对时任中国社会科学院院长胡乔木尊重与推崇钱锺书怎么看？郑先生回答，他和钱先生在清华外文系是同学，胡乔木在同校物理系与历史系就读，后投身革命。钱先生的才华在清华共认，胡乔木会有所闻。钱有学问吝于攀附，胡主动示好则显示共产党人有识有义，不能仅归私谊。知道了这层关系，我后来也领悟，何以唯恐在公开场合露面的钱锺书先生，在刘再复任所长期间举办纪念鲁迅逝世大会和新时期文学研讨会，钱先生均破例应邀坐上主席台并致辞、讲话。在我看来，钱锺书先生的待人原则大约是：无论才学深浅、年龄长幼，只要表里如一、不装腔作势炫耀，都会觉得他和蔼可亲，平易近人；反之，如果自命不凡、虚荣显摆，他则厌恶会出言刻薄，甚至不留情面讽刺挖苦，即便得罪也难饶人。

栾贵明老师生前向我提及两篇文章，或许也有助于理解与体味钱锺书先生的待人处事之道：一是刊登在《读书》杂志1980年第三期署名栾老师爱人马蓉的《初读〈管锥编〉》，实为钱先生自笔。点破这一内情可能令人殊觉意外，但细读文中回味的研究甘苦以及自我学术价值评判，会觉得钱先生也是平常之人，客观而又冷静，并不那么神秘或神奇。二是栾老师病前曾兴奋推荐原中国社会科学院院长胡绳的秘书白小麦发表在《百年潮》杂志2022年第九期的文章《钱锺书与〈毛泽东选集〉〈毛泽东诗词〉英译工作》，认为此文代表中央对钱锺书先生学术与政治地位的肯定。我并不认可在中共党史研究杂志发文代表官方肯定评价，觉得此事之重要在于披露了钱先生生前从未炫耀的重要身份与业绩，映衬出他曾经的低调人生态度。

院所内外

栾贵明老师作为钱锺书先生助手的首项成果，是协助钱先生在上世纪七十年代末出版了当今中外人文学术登峰造极之作《管锥编》。后来栾老师讲起此书，总称其为"大书"，并说自己写完了《大书出世》初稿，将向后人详述《管锥编》成书经纬及其出版内幕。其中，对《管锥编》首版，他心绪复杂，爱恨交加：对《管锥编》呱呱坠地疼爱有加是不言而喻的，因为书署钱先生大名，实含栾老师心血；对首版却"恨铁不成钢"，这是因为尽管出版社特意外聘了所谓"资深老编辑"，但学力未逮又胡删乱改，致整书支离破碎，逼钱先生不得不追印一册《〈管锥编〉增补》。听栾老师回忆当时钱先生对出版社委曲求全的无奈，恐怕会让觉得钱先生目空一切的某些人很难相信。按栾老师的意见，首版《管锥编》可视为无知妄为"接生"的"残体"，要欣赏《管锥编》的"健全"原貌或研究其学术思想逻辑，应该研读后来由三联书店编辑付印的四卷再版本。

到上世纪八十年代初，栾贵明老师按照钱锺书先生的睿智提议，开始在文学研究所风生水起投身古典文献数据库。他以个人收入加变卖家当，又由钱先生支援一些稿费，买了首台电脑。后招聘几个青年临时工创建起计算机室，科研经费最初则是破天荒从院科研局抵押借来的。因最终成果惊动了院内外学术界，后经当时胡绳院长批准转归社科院管理，人员与设备挂靠在人事局。1986年刘再复当选文学研究所所长后，对文学研究新方向、新方法非常欣赏与热衷。据栾贵明老师说，刘再复曾和副所长何西来（何文轩）登门，和他协商胡绳院长决定将计算机室移归院管理的意见。尽管刘再复很珍惜计算机室的工作，对其依依不舍，但还是同意了院里的决议。不过，那些年计算机室仍与文学研究所互动频繁，除栾老师的编制始终留在文学所，还有几名计算机室的青年人调到所里工作至今。为此，栾贵明老师始终视刘再复为知音，一往情深关注他后来的起伏跌宕。

在上世纪末钱锺书先生患病、去世前后，院内外关于栾贵明老师的风言风语多了起来，可自己是局外人，并不了解实情细节。直到几年前读到中国社会科学院原副秘书长杨润时在2010年12月16日南方报业集团《时代周报》上发表的文章《一份沉重的嘱托——钱锺书、栾贵明与中国古典数字工程》，借助第三者的立场与眼光，才大体客观知道后来栾贵明老师及其计算机室的曲折经历。

在这期间，像胡乔木、胡绳等有胆有识的中国社会科学院领导先后退休，在此后的岁月里，钱锺书先生一病不起，但在病榻上仍拜托知心的院领导，担心栾贵明老师的命运并嘱托他们保护他。杨润时文中说得既中肯又悲凉：由钱先生和栾老师创建的计算机室及其古典文献数据库工程，"留下了这位文化园地苦耕者筚路蓝缕的足印，其中必然浸透着学人的追求和心血，而对栾贵明先生来说，竟还有屈辱和泪水"。

我读过杨润时的长文后实在难以自抑，深为钱、杨先生和栾老师的晚年曲折惋惜与扼腕，去借用北京职业学院住房在房山区办公的扫叶公司探望过栾老师两次，建议可否尝试向文学研究所与中国社会科学院提交恢复计算机室建制的报告。尽管我人微言轻，此事后来不了了之，可能栾老师觉得事未成而情义在，直至病逝前这几年，他每隔几周或者扫叶公司有新动向，无论顺逆好坏，都会打电话向我通报，也似知己间倾诉衷肠，一吐为快。我则受栾老师信赖而心心相印，虽非扫叶公司中人，却很关注他们的苦乐消息与一举一动。

"扫叶"殆尽

2007年，栾老师召集被遣散的原计算机室工作人员，以独立公司名义注册，组成团队，恢复古典文献整理、研究与出版业务。按钱锺书先生说过的意思，沿用历史上著名刻印书坊"扫叶山房"之名，称"北京扫叶公司"，取"校书如尘埃风叶，随扫随有"之意。

从此，栾老师以退休之身，全力投入公司管理业务，精心、惨淡经营，由小到大，由弱变强，规模逐渐扩大并在国内外产生了相当影响。

以此前计算机室已有海量数据的"中国古典文献数据库"为基础，在完成了《中国历史日历》《通行本廿四史误例》《中国历史地图》《永乐大典本水经注》《论语数据库》《全唐诗数据库》《全宋词数据库》《红楼梦数据库》等数据成果后，扫叶公司近些年接连出版了《中国古典数字工程丛书》，其中如《太古帝王集》《炎帝集》《老子集》《鬼谷子集》《庄子集》等，栾老师都及时赠书给我。去年秋天他又告诉我说，根据钱锺书先生生前指点的线索，扫叶公司已将散失已久的古籍《乐经》佚文搜集整理完毕，付印出版了空前完备的《乐经集》。栾老师对这一成果评价极高，以终于兑现了钱先生生前夙愿而乐不可支。为此，他曾让我联系刘再复，动员他同意出席该书的出版发布会。可惜后因新冠疫情肆虐，未来得及组织相关活动，栾老师便先走了。回望以往，我认为杨润时文中对栾贵明老师事业的如下评价非常公正、毫不过分："中华文明，源远流长。在孕育、壮大、传承的几千年历史演进中，历经无数次的兵火战乱、王朝更替、天灾人祸、帝国入侵等等摧残和砥砺，却如凤凰浴火，愈发显出无可比拟的魅力和光彩，成为支撑中华民族自立于世界民族之林的血脉和根基。几千年来，代有传人，为保存、积累、传承和弘扬中华文明而苦苦耕耘，终生不悔。他们视富贵名利如浮云，保持了一颗淡泊之心。他们没有想在历史上留下名字，但历史却不会忘记他们。"

矢志不渝继承钱先生遗志的扫叶公司在国内外声名鹊起。栾贵明老师多次透露，有海内外多家机构主动联系扫叶公司，表示过收购或投资的意向。栾老师说，自己当然不会违背钱先生遗志将公司卖给海外，对国内机构的合作建议也要以文化学术积累与发展为宗旨，绝不走单纯赢利赚钱之路。每当与某家国内机构洽谈合作有进展或发现并不中意，都会详细向我絮叨实情，不管喜悦还是沮丧。其中，还有以扫叶公司所租办公用地与用房为要挟条件的，声明若不同意合资便请另迁他处，栾老师对此也从未妥协或示弱过。他说这并非显示自己有多么清高，而是扫叶公司必须代表与象征钱锺书先生的风骨。为此，前几年扫叶公司曾几无立足之地。经栾老师顽强与各方势力或机构讨价还价，最终选择了江苏南京一家公司与扫叶公司达成合资经办协议，并摆脱了房山用地、用房的窘迫境地，迁至海淀区一家饭店写字楼办公。办公条件得以改善，公司职员收入更有保障。

毫无疑问，栾贵明老师染病去世，对扫叶公司意味着倒下了擎天柱。在他生前，我曾表露过对其身后扫叶公司命运的担忧。栾老师乐观地要我放心，说公司后续接班事早已考虑，即便自己离去也不至于瘫痪或分崩离析，对扫叶公司足以自负盈亏甚至扩大经营抱有信心。以我对栾老师的了解，他这些表态不会言过其实。

2023 年新年于德胜门外

大墨生宣
——与栾贵明先生交往简记

安兴本

壬寅年末，惊闻栾贵明先生去世，扼腕神伤。

栾贵明先生是位天才型的学者，追随钱锺书先生三十余年，跨界自然科学与社会科学，硕果累累，编程"全汉字库"，主持建构"中国古典数字工程"，获国家科技进步奖，其乃大墨。传统与现代、外来与本土、文献与集成、挖掘与搜索……人类文明四面互摄，播火者犹如璀璨的宇宙星空，如果把钱锺书比作火星，那么在火星的两颗卫星中，一颗是杨绛，另一颗就是栾贵明。

评价栾贵明先生，非鄙人所能。但闭目沉思，大道至简，贤兄一生中最突出的品行，当属对钱锺书的忠诚，对学术的忠诚。这"两个忠诚"的故事，百年之后，一定会成为中国学术史上的典故。

1977年，在中国科学院哲学社会科学部基础上正式组建了中国社会科学院。次年下半年，我调入文学所，亲历了在建外修建中国社会科学院大楼文学所搬迁的全过程。认识栾贵明先生，是文学所从建内一号原"海司"六号楼搬迁到建外日坛路六号院之后的事。

文学所在日坛路六号院靠南边的一个二层小楼里，二层是所长、书记、人事、现代室、科研、会计室和会议室，一层进门是办公室、收发室，再往里是当代室，图书馆的装订室。装订室有两个宝贝，一个是它的主人老吕，大家都叫他"老吕头"。一个是英国工业革命时代铸造的大型裁纸刀。老吕头有一把好手艺，个性很强，他看不上的人不仅不理你，也不欢迎你来装订室。我来文学所不到半年，弄出了很多故事，名声大噪，入了老吕头的法眼，所以一有时间就去装订室做客。

在老吕头的装订室，我第一次见到栾贵明。

那天，栾贵明抱着三函蓝布皮的线装书进来，看到我，眯起眼端详了一下，直接问：你就是那个调来没上班就又要走，让陈荒煤私人拿钱给挽留下来的安兴本？我回他，正是，但钱我给他退了。他朝我伸出大拇指。我接着用同样的句式反问，您就是那个会修无线电、会放电影、会骑挎子的栾贵明？他把抱着的三函线装书放到老吕头的木案上，双手抱拳谦恭地说，业余爱好。我赶紧起身抱拳，说了一句沾边又不靠谱的话，英雄跨界，所掠略同。我来文学所不到半年，栾贵明的名字如雷贯耳，如今终得一见。他不修边幅，朴素到"十一见土"的程度，人长得粗糙，发如鬃毛，总是歪着堆在头上，面部潜藏着的牛 × 傲慢、藐视不屑就像是青苔长在老墙上，长久而不失生命力。老吕头跟栾贵明是死党，他走后，老吕头向我如数家珍地介绍，说栾是京城数得着的世家子弟，"姥姥家唱大戏"，有很多产业，双合盛知道不？德国风味的啤酒厂，都是他姥姥家的。你别看这小子糙，心眼可灵着哪，上高中就帮他姥姥记账打理家产，高中毕业在舅舅的引导下考入北大中文系古典文献专业，那可是跟登天有一比。他舅舅王积贤何等人？北大中文系毕业，人大研究茅盾的专家教授。这小子北大毕业，北大是什么地方？跟清华并排，是国家的眼珠子；毕业分来文学所，文学所是什么地方？龙潭凤巢，藏龙卧虎。这庙里水深，你看他搂着的线装书了吧，那是给钱锺书借的。钱锺书是什么人，在伦敦拿起一本英文大辞典，翻翻都能给指出毛病来。栾贵明追随钱锺书，那就是靛蓝染白布，一物降一物。

我从此算是认识了栾贵明先生。

不多久，我打过招呼，提着一台废了的录音机去找栾贵明。栾先生的家那时住在东交民巷，走进他的房间一看，很震撼，就像他人一样，粗细连襟，阴阳统合，一边是木案，上边嵌着一台不大不小的台钳，案面上放着各种工具，烙铁与焊枪，对面完全是另外一道风景，一张两头沉的书桌，上面放着一个看线装书的架子，旁边整齐地放着一摞线装书。靠墙是一人多高的卡片柜，卡片柜抽屉的底部凸显出亮闪闪的轴头，门头上是一面铜片的卡窗，卡窗里插着标了字号的卡片。我把录音机放到木案上，还没来得及说话，他先开口了。说这是总参三部内部刚刚处理的用于监听的机器，你那儿有人？我回他，我的一位拉大提琴的同事（鄙人来文学所前曾在中央民族歌舞团交响乐队担任过小提琴手）他爸爸是那儿一位住小楼的头儿。他接过话茬问：听钱先生说，你专业拉过小提琴？我用认识他时他说的那句很牛×的话回他，"业余爱好"。他从容地反问：那说明你至少拉过马扎斯和克莱策。我见他也算是半个行家，就用行话回他，帕格尼尼是南墙。他拉开木案下的一个大抽屉，指着里面跟我的录音机一模一样的两台机器说，这都是瑞士进口的。瑞士人的机械做得好，有手表在那摆着哪，这批录音机是好东西，可是再好的东西也怕你用得太狠，总是快进快退，都是给累死的。大概率三个毛病，电机烧了，磁头不行了，传动橡胶带老化断裂，其他电子器件坏掉的可能性也有……以上不管哪个坏了，国内解决的难度都很大。直话直说，你有两个选择，一个是你把机器放在这儿，死马当活马医，一个是你把它原价让给我，让我有机会拼装一台。我一听，二话没说，把机器原价让给他了。

从此，我们走得越来越近乎。

初到文学所，我闹出最大的故事，就是钱锺书先生推荐我去德国国家汉语中心教授汉语，此事惊动上下，院部审查，秘书长梅益直接打电话给钱锺书过问，实话实说，此文透露一个秘密，这件事除去当事人之外，事先知道的只有一个人，这人就是栾贵明。有一次他对我说：安子，你真是个福将。我对他说：钱先生对你比我好。他说：钱先生一辈子给谁写过推荐信？据我所知，仅你一人。我们之间也许是因为钱锺书先生，也许是因为投脾气，也许是因为命运里的一种缘分……总之，有一种难以言说的亲近。

栾贵明先生人生的高光时刻，与改革开放同步，是上个世纪整个八十年代。八十年代中叶，为完成钱锺书先生提出的"中国古典文献数据库"，栾贵明自学电脑应用与编程，初见成效，时任所长刘再复登门"三顾茅庐"，文学所支持他组建了计算机室。计算机室建在社科院办公大楼一层的西头，拥有数间办公房，这期间他置办硬件的同时开始招兵买马，准备大干一场。

一天，他通知我去计算机室观摩，鄙人荣幸之至。

那天我早早来到计算机室，看到一间大办公室里摆满了椅子，前面方桌上摆着一台电脑。不一会儿，所里和院里科研局的领导，古代室领导和专家，还有许多来宾和记者陆续到场。我一见这个阵势，深感栾兄对我的情谊和尊重。这场合应该知趣，别去打扰他，于是我赶紧选择最后一排靠边不显眼的座位坐下。不一会儿，栾贵明先生走进来，走到前面，言简意赅地说了几句：钱先生提出，"中国古典文献数据库"要尊重著作原貌，必须使用繁体字，他亲自敲定台湾朱邦复创制的"仓颉输入法"，在仓颉输入法的框架下，计算机室研制出了有近三万汉字并具有繁体字自动生成功能的"全汉字库"。下面就请大家观看字库的演示。

计算机屏幕上出现一行行滚动的汉字字符。

前排有人问，看见的好些字符汉字里没有这个字呀？栾贵明回答，按照编程共生成二十多万个字符，其中包括近三万正规繁体汉字，差不多包括了康熙字典中所有的汉字。领导专家你一言我一语，交口称赞，现场自然而然地进入了交流发言，其中祝贺的有之，更多的专家认为，过去我们看书要做卡片，这套系统不仅代替了卡片，它更是一次学术研究文献的工具化革命，未来的发展不可限量。领导讲完，找个理由全走了。剩下的专家学者意犹未尽，接着自由讨论，我也说了几句：我被借调到科协在深圳的一个情报站工作了一段，身边的人一半是搞计算机的，道听途说，美国 IBM 花了重金，编程汉字输入软件，没有成功，于是断言，汉字不能进入电脑。后来台湾"国防部"朱邦复领导的小组和大陆六所差不多先后把繁体字和简体字植入电脑，字库才几千个汉字，只能满足一般办公用。今天栾贵明先生编程的"全汉字库"是一个飞跃，它满足了汉字古典文献输入的特殊需求，这是个了不起的成就，一点都不夸张，这是要写进历史的。不开玩笑，如此的成就，他自己什么感觉我不知道，反正我为他感到骄傲。

栾贵明先生主持的文学所计算机室，因为后面有钱锺书掌舵和长期的背后实战准备，迎来开门红那是理所当然，关键是新官上任的三把火，创新了方法，做出了成绩，打开了局面。

那阵子，栾先生满面春风，一次遇到我，一个劲儿地解释，为什么叫了 Q 和 G 兼职参与计算机室的工作而没请我。我截住他的解释，说他们两个一个管科研，一个管人事，天天坐班。我这时早已调进当代室，从事台湾文艺思潮的研究，论学术，我俩不搭界，我不可能放下手上的业务来参与你的工程，有些东西，心照不宣就好。他听后释然。看他轻松了，就跟他开了一个玩笑，泼了他一盆凉水。我说：你别嫌我乌鸦嘴，我是有过实际经验教训的，树大招风，枪打出头鸟。

很快，文学所计算机室被院部特别看重，升级为中国社会科学院计算机室……

2000 年，栾贵明先生提前退休，由他创建的中国社会科学院计算机室解散。

乐极生悲，否极泰来。

与提前退休后的栾贵明先生没有联系，网上和所里的传闻，都是他从"文信"到"扫叶"否极泰来的消息。听到这些消息，着实为他高兴。

1999 年初夏，我到所里老干部处办事。老干部处的任红就是当年栾贵明主持计算机室的员工。我办完事，任红对我说，栾贵明的扫叶公司面临经济困难，让我有机会帮忙寻找合作伙伴。我说，栾兄的事，责无旁贷。任红很高兴，立即打电话给栾贵明的左膀右臂田奕。我与田奕也不生疏，于是接过电话，与她神侃了一顿。

没两天，栾贵明先生打来电话，差不多二十年没联系的我们，互相假模三道嘘寒问暖了一阵，自然说起那些文学所老辈子的事，提到褒贬不一的一些人，当然会密集重点说到我们师出同门的钱锺书。电话里，他邀请我到他地处房山的办公处造访，说满院子的月季花盛开，香气扑鼻，沁人心脾，正等候贵客光临。闻声知貌，他的状态之好，我是一时找不到词儿来回他了。我问他，什么时间可以前去。他回我，随时恭候。

他房山办公的地方离城区很远，我开车一个多小时才到。办公处是一片红砖房，坐落在高速公路和一条乡间公路的夹角里。我停好车，他派来接我的人已经在等候。我和夫人跟着来接我们的人走过一条不长的小路，进了院落。栾贵明的办公室在一排房子的中间，他在门口迎接我们。几只拴着的大狗趴在门厅里。我问他，干吗养这么多狗啊？他说有六大箱钱先生的读书笔记在这里，价值连城。

这次见面，我们总是互相抢着说话，不停打断对方，因为两人都有太多的话要说。首先是各自介绍这些年的经历、愿景，二是缅怀钱锺书先生的教诲恩泽。当然我也讲了给他找合作伙伴的事。这是一家上市的文化影视公司，老板对传统文化有特别的兴趣，愿意认识见面聊聊。栾兄说不急，他正在与一家大公司谈判，协议都草签了，其中讲到很多细节，在此不赘。这次见面，我有一个额外的收获，他说钱锺书先生不止一次跟他说，小安太爱玩，幸亏娶了一个好太太。我夫人听了，有些得意忘形。我跟栾兄解释，当年我出国没办成，钱先生真要让我念他的私塾，说他只管开题，读书是自己的事，可要命的是，他要我两年学三门语言：古汉语、英语、德语。实话实说，跟栾兄没得比，关键是我们家祖坟上没长那棵蒿子呀。栾兄听了哈哈大笑，带出一句，你小子什么时候才算长大呀？

这次见，我们加了微信，时常联络。

这年9月，我要举办个人《夫安天书——安兴本弋墨图鉴展》，主办方要我找一位有分量的人写篇文章，我第一个想到的就是栾兄，并再次驱车前往，登门求赏。这次见面，我们碰触的都是学术艺术发展的实际问题。我把来意说明，他欣然答应。由此引出书法的讨论，讨论的问题很直接，他问我如何评价钱先生的字。这在我的意料之外，我说不敢。他说，你小子还有不敢的？我说，文如其人，指的就是字，钱先生上过私塾，又有家学的功底，毛笔字是有功底的，但最终形成自己风格，可谓文人书法。我停顿了一瞬，故意神秘地说：钱先生的字，有一个人的影子……他问我，你说像谁？我说：苏东坡呀。他向我伸出拇指，说英雄所见略同。他站起来，从书架上拿出一摞钱先生毛笔文稿的影印件，说正筹备给钱先生出字帖。接着他说起正在筹备成立泰山学院，还邀请我也参与。我说：古典文学对于我来说，如同天书，您就别赶鸭子上架了。由此他又说到，秋天可能要搬到沙河泰山饭店去办公，条件比现在好多了，到时请你来做客。

秋上，"扫叶"公司从房山搬到泰山饭店，我驱车前去拜访。"扫叶"在顶楼的南侧，楼道的东侧有百十平方米的会议室，中间放置一条大案，很是气派。我被领进会议室，栾兄正和一位客人交谈。见我进来，他请我坐下，说他们已经谈完了。我四面环顾一下说：鸟枪换炮，越换越壮。他回我，你小子讽刺我。我双手抱拳，您这是象牙炮楼，借我个胆儿我也不敢。我从书包里拿出我《夫安天书》的宣传册，双手奉上。他接过来翻了翻，有点吃惊又不无讥讽地说：不看不知道，一看吓一跳。我说：能让你吓一跳的是里面叫熊诚的作者，他把你"全汉字库"里的废字与一位大艺术家徐冰的创作联系起来，那叫一个妙不可言。说着我拿过宣传册，翻到那页给他念："在同一个时间段，两个不相识的人都面对一个'伪汉字'体系，一个是把它刻画出来，线装成册，是集成；一个是把它编程出来，去伪存真，是扬弃。如果说徐冰的《析世鉴——天书》是在纸质的界面上制造'矛盾'，而栾贵明先生则是在电脑的界面上废掉二十来万个'矛盾'。前者强烈的社会关怀是创作的源泉，以天书的形式做透视镜，针对社会的病灶拿起手术刀，目的是要'析世鉴'，让社会惊醒；后者是另一种'铸鉴'，意欲将中国古典文献输入进电脑，建立强大的数据库，以史为鉴。"他问我，这个作者怎么知道"全汉字库"的？我说：他就是我要给你介绍的那位文化影视公司的老板，也是我展览的赞助人，当然是我向他介绍的。他说：这等能人找机会要认识认识。栾兄有了新的合作伙伴，对方投入巨大资金，他说有上亿元可以调动。人逢喜事精神爽，那天他提出要我和我原来《文学年鉴》的同事蔡田明合作写钱锺书评传。我当即拒绝，我说我不是不想写，关键是我没那金刚钻。我顺着这个话题跟他建议，与其写钱锺书评传，不如弄个小成本电影《钱锺书》，从他小时候写到他从法国回来，故事精彩，另类励志。我顺着电影，跟他介绍当下方兴未艾的影像史学，并介绍我的朋友"华夏传记"老总王铸的《华夏文明五千年·影像词典》。古有"左图右史"，今是"读图时代"，未来是"元宇宙"，要把你的古典文献工程图像化，才是你走向未来躲闪不开的必由之路，为了"扫叶"的未来，我答应介绍我的朋友苏小玲与他认识，争取通过苏小玲与日本大使馆的关系，邀请文化参赞处来"扫叶"做客，将"扫叶"文化推荐到日本去。

那天我们谈得很兴奋，激发了各自许多联想与想象。

那年年末，我去台湾探亲过年，回来已是新冠疫情高潮。疫情三年来，设想过的事一件都没有落实，我们有过电话，但大多是微信里讨论文章绘画，各抒己见。这期间他委托他的朋友王琦带着一位年轻导演陈霆聪设宴请我和夫人，讨论电影与影像的诸多问题。没承想，转眼间他先走了。人生苦短，不管往事如烟还是不如烟，与栾贵明先生交往四十余年，一格格影像，历历在目。他大我几岁，论同门、论学问、论胸怀、论德行……他是大墨，我乃生宣，他给予我的很多，足够受用余生。

栾兄一路走好，学术史上镂铭。

我眼中的栾贵明先生

范业强

初识栾贵明先生是在十几年前一个夏日的傍晚，我们数人围坐一起听栾先生讲解"中国古典数字工程"。其间，我发问道："中国有享誉世界的《四库全书》，难道不足以供研究中国文化之用吗？"我话音刚落，栾先生即以平静且肯定的口气答道："钱锺书先生说，《四库全书》不过是清朝统治者控制人民的思想工具，它不能代表全部的中国（中华）历史文化。"随后，栾先生又补充说："《四库全书》在编纂过程中筛拣出大量的禁毁书与存目书（存目录不存文）的做法，说明这部大书有着严重的民族偏见，故而不能仅仅依靠它来研究中国的历史文化。"栾先生的这番话，使我惊愕不已，顿时产生了"听君一席话，胜读十年书"的感觉，我想，难道说我们研究中国历史文化不仅是要从中发掘出优秀的文化传统吗？！这也使我脑洞大开，如同开悟般地知道了钱锺书先生是站在人类文化的制高点处看待中国历史文化的研究；他比同行们站得更高，看得更远。高山仰止啊！我惊叹并庆幸中国有钱锺书这样的大学者，同时也庆幸钱锺书的学术有栾贵明这样的继承者。后来十数年与栾贵明先生的相处，他不仅仅成为我的老师和朋友，更让我深深地感到，他的人生似乎专门是为钱锺书打造的，他心心念念的也只有三个大字——钱锺书！在他的晚年则更是如此，他想让更多的人知道钱锺书是一位伟大的学者，他想不折不扣地完成钱锺书给他的嘱托——"完成中国古典数字工程"。他的一切精力、财力乃至身体的健康都是为了钱锺书。这使他有了一个别样的人生，一个纯粹的人的人生。

结识栾贵明是我的三生之幸！

一、栾先生和钱先生

栾先生一生追随钱先生，自 1964 年北京大学毕业分配到中国社会科学院文学所始，至 1998 年钱先生逝世，凡三十四年。栾先生曾说："我进文学所后第一次见到钱先生时，他微笑着看着我，问我哪个学校毕业，学什么专业，还让我帮他找他要借阅的书。他给我的第一印象比我想象的还好，特别是他的微笑和眼神。"自此以后，栾先生开始帮钱先生借阅书和还书；再后来他又帮钱先生收发信件；再再后来，栾先生几乎成了钱先生的家里人，但凡他能做的事都由他做，就连钱先生客人的迎来送往也都由栾先生来做。

钱先生年长栾先生三十岁（钱先生生于 1910 年，栾先生生于 1940 年），后者对前者的追随，绝非常人想象那样，而是以心相印的灵魂交集。特别是在十年"文革"风雨的洗礼中，栾先生以己心与钱先生之心相印，心心不异，渐成了令人叹为观止的金石之交。栾先生每每说起"文革"中与钱先生在一起的许多往事时，其对钱先生的崇敬之情皆溢于言表。他说："我甚至应该感谢'文革'，它是我从钱先生那里受益最多的时期，也是与钱先生走得最近的时候。"栾先生从钱先生那里得到了什么呢？数十年来栾先生与人说得最多的就是——"钱锺书学术思想的形成过程"，这个话题，概括起来大致有这样几个方面：

一是对中国历史文化的情怀问题，钱先生对中国文化的自信和与之相应的文化情怀。栾先生说："钱先生多次对我说过中国古代文明远优于西方，对中国文化的自信与情怀是作为文化学者的根基。"

二是要从文化体发展的层面理解中国历史文化，即是从整体的、全局的、发展的角度研究中国历史文化。这一点在后来出版的钱先生著作《管锥编》（1979年中华书局出版）第一卷总叙中有确切的说明。

三是不可以完全依靠《四库全书》研究中国历史文化。钱先生指出，由于清代满汉之间的民族矛盾较为突出，统治者的民族偏见使《四库全书》从编纂开始就注定了它天生的缺陷：第一，编纂者刻意禁毁和存目（存目不存文）的事实，说明清代统治者在以民族矛盾画线；第二，经、史、子、集的目录分类也暴露了编纂者为读者画线的用心，且会令使用者查阅时产生困惑；第三，《四库全书》基本上没有收录佛教经论，说明编纂者思想的偏狭与愚昧，完全没有社会演进与发展的概念和意识。

四是《永乐大典》对于中国历史文化研究的重要性。栾先生说："钱先生曾说《永乐大典》的思想高度远非《四库全书》可比。"栾先生后来考证了钱先生的这个说法，并找出了朱棣在《永乐大典》序言所说的话作为证据。朱棣说："尽开务成务之道，极裁成辅相之宜，修礼乐而明教化，阐理至而宣人文。"收录的范围是"上自古初，迄于当世"，要达成的目的是"包括宇宙之广大，统会古今之异同"。

五是关于历史"盲点"问题。是指很多重要的历史事件和重要的历史人物及已经散佚的重要的文献和典籍，于今人却一无所知，故而形成"盲区（点）"。钱先生告诉栾先生，解决历史盲点问题的有效方法是"辑佚"。

1972年，钱栾两位先生行将从河南五七干校返京之时，钱先生对栾先生说："返回北京后，我要写一部关于中国历史文化的书；你则要专心研读《永乐大典》，从《总目》开始，对《永乐大典》尚存的部分进行全面深入的研究。"这是钱先生给自己和栾贵明下的任务。

这就是栾贵明先生的幸运！

二、作为学者的栾贵明先生

钱先生写作《管锥编》期间，栾先生也在忙前忙后。一是帮助钱先生借书还书和查找资料；二是要完成钱先生布置的功课——研读《永乐大典》，时不时地还要去向钱先生讨教。1977年前后，钱先生完成了不朽巨著《管锥编》，栾先生随即帮忙联系出版社，并开始了与责任编辑反反复复的沟通。1979年，《管锥编》正式出版，但是钱先生和栾先生对这个版本都不满意。后来，人到晚年的栾先生专门为此写了一本书来说明不满的原因。

提起《管锥编》，栾先生的溢美之词定会不绝于耳。他特别强调钱先生在《管锥编》第一卷"全上古三代秦汉三国六朝文总叙"中说的："拾穗靡遗，扫叶都净，网罗理董，俾求全征献，名实相符，犹有待于不耻支离事业之学士焉。"栾先生认为，钱先生的这段话既提出了自己的方法论，又提出了对用科学方法研究中国历史文化的期待，同时表明自己的学术价值观，即摒弃以主义的框框来看待历史文化。就像钱先生在小说《围城》自序里说的"在这本书里，我想写现代中国某一部分社会，某一类人物。我没忘记他们是人类，只是人类，具有无毛两足动物的基本根性"一样，钱先生的学术也是站在全人类的高度，用科学方法进行研究的学术。这是钱先生"开拓万古之心胸"的博大情怀。一众学者们，岂能望至钱先生之项背乎！没错，钱锺书先生确是栾先生的骄傲！

1982 年，在钱先生悉心指导下的栾先生，终于以十年之功完成了《永乐大典索引》这部研究《永乐大典》的工具书，钱先生对此大加称赞。随后便投于中华书局，这部书却由于一些微妙的原因耽搁在中华书局十五年，直到 1997 年才转由作家出版社正式出版。此前钱先生已病重住院，便由杨绛先生为此书题写了书名。

钱先生曾嘱栾先生在研究《永乐大典》的同时要注意对《四库全书》辑本的研究，两相比较，必有收获。栾先生谨遵钱先生之命，果然仅用一年时间便完成了第二部重要著作——《四库辑本别集拾遗》（1983 年中华书局出版）。钱先生特为此书题写了书名。当钱先生拿到栾先生送来的新书时非常高兴，阅看之后便提笔在书内首页上题签云："贵明此辑心细力勍，撮拾无遗。大典影印本余曾经眼，今仍知忽略者多矣，益我殊不浅。匆匆一过，校正句读误字数处，以还贵明，供其裁择。槐聚。"这是对栾先生勤奋努力最大的肯定、最高的奖赏。

此后，栾先生又相继出版了《永乐大典医药集》（1986年人民卫生出版社出版）、《永乐大典方志辑佚》（2004年中华书局出版）。近年来，栾先生又与自己的学生田奕女士一起主持《永乐大典》散佚部分辑佚的工作，据说已经基本复原了近两百卷。

行文至此，想必读者不会怀疑栾先生是不折不扣的《永乐大典》的大专家吧！但是，笔者要说的是：作为学者的栾贵明先生，其学术成就还要远高于此呢！

三、中国古典数字工程

上世纪八十年代中，钱先生之女钱瑗自英国回京后向父母讲起电脑在国外的普及，使用电脑进行学术研究的效率也很高。她特别提到英国将莎士比亚全集录入电脑，大大提高了莎士比亚研究水平和莎士比亚在世界的普及程度。钱先生闻此便来了兴致，随即找来栾先生问其国内的相应情况。后来栾先生向人说起这段往事时说："当时我只能回答不知道三个字。我既没有亲眼见过电脑，也没用手摸过电脑，更不知电脑有什么用处。""钱先生见我一问三不知，便责我尽快地去了解情况。"栾先生连续几天骑着车转悠，居然碰到了一个计算机展览，渐渐地入门了。他知道了电脑很贵，一台国内组装的286、386电脑就要上万元乃至几万元；知道了学习电脑操作还需要有一个过程，远比骑车甚至开汽车复杂得多；更难为他的是，要使电脑运行能够达到输入（录入）和全文检索要求还必须有人能够编写相应的程序（软件）。栾先生将这些情况向钱先生做了汇报，二人自此开始了共同运筹谋划合作。目标很简单，就是要把中国古代历史文献录入到电脑中，然后建立全文检索系统。这样会大大提高古典文学、历史学的研究效率和水平。

钱先生时任中国社会科学院副院长，他希望社科院能够在科研现代化方面发挥作用；栾先生则开始学习电脑——录入、使用操作系统和编程。1986年，文学所率先成立了计算机室，任务就是古籍电子化（数字化），栾先生负责主持工作。钱先生的愿望初步达成了。1990年，他们做成的《全唐诗速检系统》还获得了"国家科技进步奖"！同年，中国社会科学院也下文将隶属于文学所的计算机室变成了社科院直属单位，还是由栾先生负责主持工作。由此，古籍数字化工作进入了规模化、标准化阶段。谁知好景不长，天有不测风云。1995年，中国社会科学院却下文停止了古籍数字化工作并解散了计算机室。栾先生说："钱先生对社科院解散计算机室这件事很不理解，把我和田奕叫到他家里，说：古籍数字化的探索不可停，要好好地想想以后该怎么办。"田奕是何许人也？1986年栾先生筹备计算机室的时候招入的第一批计算机操作员，入职后表现突出，解决和处理问题的能力很强。一次，钱先生到院里参加活动，特意到计算机室见见大家，而钱先生对她的评价是："聪明灵秀而可靠，难得！"自此后她越发受到钱先生的信任，钱先生逝世后她还担负起照顾杨绛先生日常生活，帮助处理安排家庭事务的工作。古籍数字化工作绝能不能放弃！这是三人达成的共识。此外，钱先生还认为：必须做出一个整体的规划，在条件允许时可以付诸实施。经过多次研究最终将古籍数字化工作定名为：中国古典数字工程，意将1912年前全部历史文献（典籍）收录其中（预估约三十亿字），建成世界上独一无二的中国历史文化的大型数据库。下分四个子库：人名库、作品库、日历库、地名库。

钱先生说:"这是前所未有的大事,需要我们具有开拓万古之心胸的气魄!"钱先生还说:"倘若这个工程能够完成,将大大提高对中国文化历史的研究水平,对国家乃至世界都是个巨大的贡献。"栾、田二位从来都对钱先生所说的坚信不疑,只是心理素质远没有钱先生那样强大。栾先生弱弱地问钱先生:"这么大个工程,我和田奕能完成吗?"钱先生不无玩笑地答道:"自有天兵天将相助!你们只管干就是。"于是,栾先生带领着田奕女士无怨无悔地、默默地继续这项工作。有问题了就去请教钱先生,钱先生也经常过问他们二位的工作进程,即便是在病重住院治疗期间亦如是,直至1998年先生离世。

2000年初,在台湾有着"中文电脑之父"美誉的朱邦复先生找到栾先生,力邀栾、田二位加盟香港文化传信股份有限公司,认为这样既可以帮助他们完成钱先生的重托,又使香港文化传信公司实现科技转型,是个双赢的合作。栾先生、田女士二位做了慎重权衡后,合计着朱先生的分析所言不虚。干吧!其时栾先生正好六十岁,赶忙办理了退休手续;田奕女士则义无反顾地从社科院办理了辞职手续;二人在北京办起了香港文化传信的分公司,重新组织人马开始了大规模录入古籍的工作;直至2007年,又一次天有不测风云。香港文化传信股份有限公司内部在这一年出了问题,决定撤销北京分公司,还没得商量。好在最后香港公司虽未给予北京分公司遣散补偿,却将已经录入电脑的十亿字古籍内容留给了栾先生和田女士(有分手协议)。然而,这使古籍数字化工程再一次搁浅。栾先生、田女士何去何从?!

四、衔尾相属　相似不觉者

古人云：路遇险阻，马会在不自觉中一个紧接一个地成单行前进。作为人来说何尝不是如此。

2007年的栾先生、田女士真是遇到了几近无法逾越的困难。怎么办？二人商量后决定自己办个文化公司，继续干钱先生托付的事业，于是就有了现在的"北京扫叶公司"。公司名字取自钱先生"拾穗靡遗，扫叶都净"的含义。重新开始，面对的都是困难。栾先生倾其所有用于公司的运作，但这还远远不够，怎么办？他想起曾和钱先生设想过若当真需要单枪匹马地干这古籍数字化工作时，钱先生说过可以考虑边录入边出书的办法，用稿费、版税收入维持局面。就照钱先生说的干！二人做了分工：田奕女士负责录入、校对和书的编辑、排版及公司日常事务的管理；栾先生负责选题和学术研究。他们对今后所出的书做了系列安排，定名为《中国古典数字工程丛书》（也称"万人集"），以北京扫叶公司的名义出版。一般来说，北京扫叶公司（简称"扫叶"）所出古籍并非通常意义的历史人物的文集（亦称"别集"），而是对有影响的历史人物在其文集、专著以外的言论在众多的文献中进行收集，或是对史上已经散佚的文献（典籍）在众多文献（典籍）中进行收集。这个方法叫"辑佚"，其成果叫"辑本"。由于2007年时扫叶的"中国古典数字工程"已完成元代以前全部文献（典籍）的收录，且这个数据库具备完备的全文检索功能，因而使扫叶做起辑佚工作来得心应手。应该说明的是，"辑佚"方法是中华文化（文明）所特有的文化研究手段，而到了二十一世纪，扫叶（栾、田二位）把这个手段（方法）发挥到了极致。从2007年始至2022年，扫叶用辑佚方法出版的古籍种类就达三百多种（也有少量应特殊要求采编的文集如《李淳风集》《姚广孝集》等），其中的《子曰》（《论语》及孔子在《论语》外的言论）十六万字、《老子集》（《道德经》及《道德经》外老子的言论）六万字、《列子集》《乐经集》（散佚《乐经》的辑佚本）、《帝王世纪》的辑佚本等多种古籍在社会上引起极大反响，也有根据工程的日历库制作的《中华史表》，以年表形式彰显中华近六千五百年的记载，而且几乎每本书上市不久就会变成溢价书。当然，这与独具慧眼的出版人有关，其中也确实隐含着对钱先生及其事业的敬意与关照。

扫叶古籍书出版还算是顺利，但所入寥寥，于公司而言仅属维持而已，完全谈不上发展。不过，中国有句老话叫作"天无绝人之路"，这也完全适用于扫叶公司（"中国古典数字工程"的代称）。2014年，一家大型出版社要打造古籍网，从扫叶公司买了四亿字的数据。这使扫叶公司获得了喘息机会，随即加快了数据库建设的速度，也加大了古籍出版的数量。有道是"苍天不负有心人"，2018年，南京一位开明人士向扫叶公司注资，成为扫叶公司的大股东。难得的是，这位开明人士并未要求公司尽快赚钱，仅只要求加快数据基础建设的速度，尽快完成"中国古典数字工程"。这使扫叶公司成立十一年后终于走出了生存忧虑的阴影。2007年至2022年，在栾先生和田女士的带领下，他们终于完成了"中国古典数字工程"整体录入工作（约二十亿字，族谱和方志尚需补录完成），在内容上已可以满足上线要求。对此，栾先生说："终于可以告慰钱先生的在天之灵了！"

2018 年后，栾先生和田奕女士的学术研究也加快了步伐：一是辑佚复原《永乐大典》，目前已基本完成近二百卷，其中的二十卷有望在 2023 年内正式出版；二是栾先生在近几年整理出了元代剧作家王实甫的《西厢记》（扫叶版），他说："钱先生说过，王实甫《西厢记》的文字之好令人赞叹，他早了莎士比亚二百多年，若能辑佚复原这个戏剧进而复原一些中国古代的艺术形式，将是中国文化史中的一件快事。"他希望扫叶能够对此进行更多的探索。

2023 年，田奕女士在忙着另一件重要的事情。在古籍整理过程中会遇到电脑字库没有的字，这就需要自己造字。三十年来的录入工作等于将所有的汉字都重新整理了一遍，自己造的字逐渐积累形成了约八万字的扫叶字库，定名为《扫叶全汉字库》。这是国内唯一从原典中来的最全的字库。目前最权威的《康熙字典》仅有四万四千字，比扫叶字库少了约一半。这样，扫叶的"中国古典数字工程"就只能用自己的《扫叶全汉字库》才能最终完成上线，使阅读者在阅读古籍时不会遇到障碍。田奕女士正在率领扫叶公司全力打造《扫叶全汉字库》线上运行平台，同时还在组织人力编写"《扫叶全汉字库》的汉字释义系统"。倘若这两个目标能够实现，阅读古籍（古汉语）就不会存在任何障碍啦！

扫叶公司的未来可期啊！

结　语

2022 年 12 月 19 日，栾先生走完了他的一生。田奕女士说："先生昏迷了数日，偏偏选在这一天离去。他去见钱先生了（钱先生于

1998 年 12 月 19 日逝世)。"钱先生和栾先生二人，再加上田奕女士，他们之间有着怎样的因缘际会的关系实在令人费解，但是我愿意相信这其中一定有个重要的道理！

记得一位哲人说过：自然界与人类社会的发展都遵循着同样的规律。

我赞叹栾先生的人生，相信他是一位纯粹的人。

他的坚守让中华文化大放光彩
——怀念"中国古典数字工程"的创办人栾贵明先生

张世林

　　尽管我有思想准备，但栾先生的突然辞世，还是让我倍感痛心，很长时间不能适应。我同他认识得很早，应该不迟于1986年。那一年中华书局主办的《书品》杂志创刊，我是责任编辑。一拿到创刊号便急忙分送各路专家审阅，听取意见。这其中就包括栾先生，他在社科院文学所工作，那里是我们这本杂志的作者重镇。我还清楚地记得，他那时的办公室不在文学所，而是位于社科院新大楼一层的西头。我知道他那时已接受其恩师钱锺书先生的委托，主持文学所新成立的计算机室的工作。这到底是一项什么工作？前景如何？影响多大？我当时是一无所知！只记得他每次拿到我送去的杂志，认真翻阅后，都会不住夸赞。我虽然对他那时搞的"中国古典数字工程"不甚了了，但很快就同我的工作发生了联系。《书品》虽然是一本小杂志，但却是当时众多杂志中为数很少的使用繁体字排版的一部。当时能够提供繁体照排的只有中华和文物印刷厂等几家。《书品》最初是由中华印刷厂负责排印，后来转到了文物印刷厂。1988年排版告急，我无意中同栾先生说了，没想到他竟一口答应下来，说以后就放他室里排。原来他那时已解决了繁体字照排的问题。这样一来，我的难题解决了，还因为工作需要同他的联系更加密切了。此后，他还提出购进印刷机使排印一体化，并邀我一同去考察过印刷厂，诚心邀我加盟他们的计算机室，因我单位领导不同意而作罢。直到这时，我对他搞的项目还是懵懵懂懂。

1992年我调入国务院古籍小组，1999年又调出了中华书局，其后还被委派到香港的一家出版社工作了一段时间。回来后直到2012年才和先生联系上，我忙去拜访，地点却是远离市区的房山区长阳镇，一块占地八亩的世外桃源——北京扫叶公司。自文学所计算机室一别，已经多年没有见过他老人家了。如今老友重逢，颇为激动。先生是老了些，背更加驼了，白头发多了，但精神矍铄，声音洪亮。落座之后，我忙问道："这么多年您都去了哪里？一直都在干什么呢？"这一问引得他打开了话匣子，倒出了这些年的那些艰难而又奇特的经历：自1984年他接受恩师钱锺书的嘱托，便把全部精力都投入到利用最新科技——电脑来整理中国古典文献的伟大事业中了。一开始发展得还算顺利，文学所特成立了计算机室，招收了一批年轻人，很快就取得了重大突破，并于1990年以"中国古典文献的计算机处理技术"项目获该年度"国家科技进步奖"。这也是社科领域首次获得国家级别的科技奖项。随后社科院决定成立院属计算机室，将原来的计算机室并入其中。栾贵明先生被任命为计算机室主任。接下来的几年里，风云突变，计算机室被解散，钱先生先是患病住院，后于1998年辞世。面对现实，又该如何呢？他们从2000年开始创业，克服重重困难，组建起了一支自己的队伍，义无反顾地向着既定目标——建立中国也是世界上最大、最全的古典文献数据库而奋勇前进！值得庆幸的是，他们一出山就遇到了行业里的翘楚朱邦复先生，朱先生慧眼识人，果断地把栾先生的一干人马聘请到他所在的香港一家公司门下，给予优惠的条件，继续开发、充实、完善"中国古典数字工程"。几年之后，由于朱先生的公司发生了一些状况，栾先生与朱先生和平分手，率队出来单干，几经周折，备尝艰辛，数次陷入无米之炊的险境，办公地点也是一换再换，最后于2007年经人介绍来到了房山长阳镇，并正式成立了北京扫叶公司。但如何才能维持公司的正常运转呢，他们可谓是煞费苦心，甚至田奕想出了养鸡卖鸡蛋的办法。虽然是困难重重，却从没有想过放弃。我不能忘记恩师的嘱托，我们一定要完成"中国古典数字工程"大数据库的建设，以实现钱先生的"开拓万古之心胸"的宏愿！

作者（左）和栾先生亲切交谈

我听着栾先生平静的介绍，像是在说别人的故事，而心中却是波涛翻滚，实难平复！这是一群手无缚鸡之力的读书人，为了一个嘱托，为了实现用计算机清点、整理、发掘我们固有的、无与伦比的文化遗产，在没有任何政府部门和单位的帮助和支持下，苦心孤诣、任劳任怨、不计报酬，常常面临无米之炊而宁肯自掏腰包，但"回也不改其志"，硬是按照钱先生的指导，一步一个脚印地坚定前行，初步建成了内含十几亿字容量的中国古典文献数据库，同时取得了丰硕的古籍整理的新成果。但新的困难又出现了，就是找不到一家愿意接受的出版社。听到这儿，我稍微平复了一下激动的情绪，急忙问道：你们已经整理好的古籍有多少？采用什么方式？有什么特点？栾先生告诉我已经做好的有五本：《列子集》《老子集》《庄子集》《孙子集》《鬼谷子集》，只加断句。特点是五部书都通过辑佚增加了大量新内容。以《老子集》为例：我们现在能看到的只有《道德经》一篇，五千多言。经我们整理的《老子集》共六万字，除《道德经》外，还新辑老子语录近一万六千字，并首次收录了老子的《太上老君说常清静妙经》《西升经》《内观经》《养生诀》等六种，增加了十倍的内容，对研究老子和先秦时代提供了大量新资料。听到这儿，我当即表示：这么重要的图书，一定要尽快安排出版。栾先生听了很高兴，说我们不仅是老朋友了，你简直就是钱先生口中的天兵天将，在我们最困难的时候，来拯救我们。我说：哪里的话，钱先生是我最佩服的大师，您对我有知遇之恩，我为能参与这样伟大的事业而骄傲。直到这时，我才对他们开发的这一工程的重要性和伟大意义有了一定的认识。

经过一段时间的努力，我作为责任编辑亲力亲为，在 2013 年推出了上述五部典籍，并于出版后一个月内将全部稿费一次付清。这之后又出版了《中华史表》，该书依晋皇甫谧《帝王世纪》等可信记载，上起盘古，下迄清亡，明确考得中国纪年当从距今六千四百七十七年（公元前 4464 年）燧人氏始，完整记录了历代帝王一千二百六十二位（包括姓氏和在位时间）使用过的九百九十六个年号，不仅精确到年，有的更精确到月、日。故此表一出，华夏文明不再是虚言之五千年，而为实实在在上下近六千五百年矣！配合此表，我们后续又跟进出版了《皇甫谧集》《炎帝集》《黄帝集》《太古帝王集》《太古臣民集》。特别是随着《乐经集》的问世，我对这套丛书的特点和意义，进而对这项工程的巨大价值有了新的认识。通过已出版和即将面世的典籍，可以归纳如下三个特点：一是历史上有这个人的作品一直在流传，如老子的《道德经》，但他的其他作品从未有人辑佚并编辑、结集出版。如《老子集》。二是历史上从来没有出现过这个人的作品，此次利用已建成的"中国古典数字工程"，通过辑佚和编辑加工，把散见于各文献中的相关资料结集出版，从而推出了一大批新版典籍，如《炎帝集》《黄帝集》《太古帝王集》《太古臣民集》等。三是历史上曾有过这部作品，后来遗失了，如《乐经》。在汉代以前一直流传的是"四书六经"即诗、书、礼、乐、易、春秋。但汉代以后《乐经》失传了。这次同样利用该工程，将散见于各处有关的内容结集定名为《乐经集》出版，使已丢失两千多年的重要典籍重现人间。这三点就是这套丛书的最大特点。一言以蔽之，就是一个"新"字：要么增加了新的内容，要么推出全新的内容，要么将佚失的内容全部或部分重新找回。有鉴于此，假以时日，当这部贯通上古至清代，包罗万象，体量巨大的收有数万作者作品的全新丛书正式面世时，本就无与伦比的中华文化的家底不仅真正得以厘清，而且还将增添巨量的新内容，释放出更加璀璨夺目、光耀千古的人类文明之光！这些最新的研究成果不仅将引起研究者的极大关注，从而在世界范围内推动对中国古代文化的深入发掘、研究和科学整理，其最新成果也必将引发整个世界重新看待、认识和评价中华古代文明对全球文明的发展和贡献。中华文化必将以全新的姿态走向世界！

作者（左）和栾先生出席《小说逸语》新书发布会

有了这样的成果和认识，回过头来再看栾先生几十年的坚守，真是感慨万千！首先他是一个极重感情的人。1964年大学毕业后他进入了文学所，从此便下定决心要追随心仪已久的钱先生，做好学术研究工作。为此他全心全意帮助先生解决工作和生活中的问题，除了负责借书还书、寄信送信取信之外，还要在"文革"大动乱、大批判的年代做好先生的安全保护工作。要知道在那个年代自身尚且难保，又怎敢去保护被列为批判对象的人呢？但栾先生认定钱师是好人，在危机时刻每每挺身而出，不惜以命相搏。和他相处熟了，他才会给我们披露一点这方面的事情。每每听后，我都坚信这样的事只有他栾贵明才能做到！至于像他用自行车前后载着钱杨二老去医院看病，怕也只有他敢这样做！在现实生活中他和钱先生情同父子。所以当1984年钱先生从女儿钱瑗的嘴里听到英国人开始利用计算机研究莎士比亚之后，马上意识到我们自己才最应该使用这一最新科技来盘点、整理、研究我们那浩如烟海的古典文献。把这些家底搞清楚了，才能实现自己"开拓万古之心胸"的宏愿！这样伟大的事业交给谁来做呢？他当然心里有数。于是他叫来栾贵明，让他停下手里的一切事，立即接手这一工程。栾二话没说，便全身心地投入到全新的开发工作中了。真是知师莫若徒，知父莫若子，他知晓恩师的心愿，更明白交给他的这副担子有多重！自钱先生1998年病逝后，在余下的二十四年中，他只认准了这一件事，用自己的全部智慧和精力领导着大家在恩师的指引下一步一个脚印地踏实稳步地前进，克服了常人难以想象的艰难困苦，终于完成了恩师的嘱托，实现了用计算机整理、盘点和研究古典文献的宏伟大业。相信在不久的将来，随着《中国古典数字工程丛书》这部包含着七万名作者，自上古至清末包罗万象、前所未有的大量新内容和新汇编的中华古典文献的横空出世，中华悠久璀璨的古老文明必将照亮整个世界！而就在这万丈光芒中，我们可以清晰地看到钱师和栾先生欣慰的笑容。

栾贵明先生

林 沧 海 燕

"先生"是尊称，在文学所乃至社科院，是对那些在民国时期已然成名、德高望重、学养深厚的老先生们的尊称，比如钱锺书先生。栾贵明先生 1964 年大学毕业后才到文学所工作，按照这个约定俗成的惯例，是不被称为"先生"的。在文学所，也确实有人对"栾贵明先生"这个称谓有看法。但对我而言，他不仅是兄长，更是如钱锺书那样的先生。

钱先生是谁？

1966 年 6 月，我是四年级的小学生，"文革"停课闹革命，无书可读。1969 年进中学，也没读几天书，大部分时间花在学工学农和围海（滇池）造田上。1970 年 5 月下乡当农民，1971 年 7 月进厂当工人，如果没能在 1978 年考上大学，就只有小学四年级的学历。在认识栾先生之前，我对钱锺书先生可说是一无所知。

认识栾先生是 1986 年 6 月，我那时在云南省社科院计算机室工作，计算机在社科领域的应用当时还不多见。好友潘丹柯的专业是经济学，他当时在云南省计委经济研究所工作，搞到一笔课题费来做数理经济模型，约我一同到北京拜访人民大学专攻系统动力学的方美琪老师。我向主持工作的杜玉亭副院长提出要到北京考察计算机在社科领域的应用，也许是社科院缺乏计算机方面的专业人员，杜副院长对我的要求基本上是有求必应，他不但同意了我去北京的要求，还写了一个条，要我到中国社科院科研局找单天伦局长，了解中国社科院计算机应用的情况。

到北京后，我和潘丹柯拿着杜副院长的条去中国社科院科研局见单天伦局长。单局长向我们介绍了中国社科院计算机应用的情况，除了数量经济研究所和语言所外，他特别提到了文学所计算机室做的工作——用电脑来研究《论语》。我们对此非常有兴趣，因为数经所的工作与我们做的类似，偏重于数学模型。语言所主要是用计算机做统计分析，这方面的工作我们也不陌生。但用电脑来研究《论语》则是第一次听说。见我们有兴趣，单局长也来了兴致，亲自带我们到文学所计算机室参观。

第一次见到栾贵明先生就给我留下了深刻的印象。我一直以为，理工科转文科比较容易也比较常见，但文科转理工科比较难也比较少见，特别是还要能编写计算机程序，就更罕见了。栾先生 1964 年毕业于北京大学中文系古典文献专业，在从事古典文献工作二十年后，也就是 1984 年年底才开始学习电脑和计算机编程，仅仅用了不到两年的时间就搞出了《论语数据库》这样的成果。特别是《论语数据库》中的文字全部是繁体字，而当时大陆计算机汉字字符集的国家标准是 GB2312，只有六千七百六十三个简体汉字，无法输入和显示繁体字。栾先生告诉我，汉字系统采用的是台湾朱邦复先生发明的仓颉输入法和仓颉汉卡。他还说，这是钱先生的选择。

1982 年，在钱先生指导下，栾先生用十年时间完成了对《永乐大典》的研究，向钱先生请示下一阶段的工作。钱先生说：就搞《宋诗纪事补正》吧。钱先生对这一课题做了多年研究，看过很多文献，记了许多本读书笔记，写了大量手稿，但仍然有很多文献需要深入研究和比对。栾贵明先生按照钱先生的要求对《宋诗纪事补正》涉及的大量古典文献进行了研究，但工作量实在是太大了，如果采用传统方法，有生之年很难完成这项工作。钱先生也深知这一点，一直在思考如何解决这一难题。他利用女儿钱瑗两次去英国讲学的机会，了解到了国外采用计算机研究莎士比亚的情况和方法。

1984 年秋，钱先生对栾先生说：你要下几年工夫，解决用电脑技术对古典文献整理和研究的问题。钱先生还说：可以先搞简单一点的古籍，搞通后再考虑《宋诗纪事补正》。尽管当时栾贵明先生对电脑一窍不通，但二十年来追随钱先生的经历告诉他，钱先生的判断不会有错，只要下定决心，就一定能够达到目的。凭着对钱先生的信赖和尊崇，他义无反顾地踏上了利用计算机研究和整理古籍文献的漫漫长路。

要利用电脑来整理和研究古典文献，首先要解决汉字的问题。上个世纪八十年代中期，要在计算机上使用汉字是非常困难的。许多专家学者，如朱邦复先生、王选教授、倪光南院士、史玉柱、王志东、王永民等都在计算机汉字系统上付出了大量的心血。但当时中国的国家标准 GB2312 只有六千七百六十三个简体汉字，无法满足

同張○薊門觀燈	05/160/01667/01
南陌春○晚.	05/159/01618/03
狹邏花障迷[○盡].	05/159/01618/03
淮海途○半.	05/159/01625/01
書劍時○晚.	05/159/01627/11
日落伴○稀.	05/159/01627/15
倚梓惜○暮.	05/159/01628/10
絲脆弦○斷.	05/160/01633/05
羔雁禮○行.	05/160/01638/15
逃暑日○頹.	05/160/01651/14
三峽雨[相]尋.	05/160/01661/08
知欲寄誰○.	05/160/01656/09

2724₇　役

我來限[根]于○.	05/159/01624/16

2724₈　假

逸氣○毫翰.	05/159/01626/07
截流寧○楫.	05/160/01646/13
一切是虛○.	05/159/01623/09
當路誰相○.	05/160/01639/02

2724₉　般

○勤紋離隔.	05/159/01626/11
○勤伐木詩.	05/160/01627/15
○勤訪桃源路.	05/159/01630/05
○○雷聲作.	05/160/01635/15
○勤岐路[醉後]言.	05/160/01638/03
山林情轉○.	05/159/01620/05

2725₂　解

○鞭暫停騎.	05/159/01623/02
○纜我開筵.	05/160/01642/05
八○禪林秀.	05/160/01664/15
嵐○畫初陽.	05/160/01665/10
顧言○縷紱[絡].	05/159/01623/12
誰爲報○[○]金徽.	05/159/01656/03
游女昔○佩.	05/159/01626/01
臨流恨[恒]○攜.	05/160/01642/08
傾壺一○顏.	05/160/01647/03

開尊共○醒.	05/160/01651/05
餘尊惜○醒.	05/160/01651/14
沙場好○紳[神].	05/160/01664/09
主人呼○醒.	05/160/01668/10
殘凍因風○.	05/160/01652/07
瞀繁垂欲○.	05/160/01656/12

2728₁　俱

○懷鴻鵠志.	05/159/01626/07
○懷落帽歡.	05/160/01662/05
仙舟復與○.	05/160/01643/04

2729₃　條

還及柳○新.＊	04/116/01178/01
歸及柳○新.	05/160/01658/05
歸及折○春.	外編上冊/266/10

2730₁　冬

○至日行遲.	05/160/01659/03
○至後過吳張二子檀溪別	
業	05/160/01663/15
花藥連○春.	05/159/01620/06
坐棄三牲養[○業].	05/160/01660/15

2731₂　餖

[宴○二宅]	05/159/01622/07

2732₇　烏

金子[○]耀霜橘.	05/159/01625/14
饑○集[噪]野田.	05/160/01654/05
斜日催○鳥.	05/160/01640/07

2732₇　鳥

○還日邊樹.	05/159/01628/10
○過[從]煙樹宿.	05/160/01637/13
○墮舊來聞.	05/160/01653/15
○歸餘興遠.	05/160/01662/09
○泊隨陽雁.	05/160/01664/02

93

处理古典文献的要求。如何才能解决这个问题呢？栾贵明先生向钱
先生请教。钱先生说：现在有哪些可以支持繁体汉字的系统？你能不

73

能找来让我看一看？栾先生通过调研，找到了七种能够支持繁体汉字的系统。钱先生对这七种汉字系统作了研究和比较后告诉栾先生：一定要选用台湾朱邦复先生发明的仓颉汉字系统，只有这个系统能够满足古籍处理的需要。

按照钱先生的指示，栾先生选用了朱邦复先生的仓颉汉卡作为古典文献处理系统的汉字系统。事实证明，钱锺书先生的选择是当时唯一可行的选择。仓颉码不但可以支持繁体汉字，而且拥有几万个汉字的大字符集，这是其他汉字系统无法做到的。不仅如此，朱邦复先生发明的仓颉汉卡还可以根据部首偏旁来生成新的汉字，哪怕是字符集里没有的汉字，也可以通过输入相应的部首偏旁来生成它，这使得仓颉系统可以有无数个汉字。更妙的是，仓颉码既是内码也是输入码，而且是形码，只要掌握了仓颉输入法，哪怕不认识这个字，只要看着字形就可以输入这个字。这对于古典文献的录入极其重要，因为录入员不可能是语言学家，即便是王力先生这样的语言学家，能知道的汉字读音也是有限的，如果不采用仓颉码，古典文献就无法录入，更无法在计算机上储存和显示。

栾先生向我们介绍《论语数据库》的研发过程时一口一个"钱先生"，却没有指名道姓地说钱先生是钱锺书先生。他可能以为钱先生就是钱锺书无人不知无人不晓，但我却听得一头雾水，不知道钱先生是谁，难道是钱学森？特别是那时正好是信息论、控制论和系统论成为显学之时，钱学森的大名如雷贯耳。栾先生可能没有想到，不要说我这样连钱锺书是谁都不知道的工科生，即便是知道甚至熟悉钱锺书的文科生，也不会想到钱锺书是用计算机研究中国古典文献的首倡者，并且具体指导了汉字系统选型这样的工程问题。

我心中的疑惑一直到被借调到文学所计算机室后才解决。

完成《论语》全文数据库后，钱先生决定搞《全唐诗》全文数据库。由于个人计算机在上个世纪八十年代还是一个新鲜事物，要利用《全唐诗》全文数据库而又不用电脑，唯一可行的方案就是出版发行纸质版的《全唐诗索引》，使用者只需通过四角号码在索引中查找诗句中任何一个字的所在页码，即可在该页中查到这个字出现在《全唐诗》的哪一首或哪几首诗中。虽然比将这个字直接输入电脑后即可在屏幕上显示诗的全文和作者要麻烦，但只要有索引在手，不需要电脑也能查到诗句的出处。编索引虽然是传统方法，但仅靠人工编制《全唐诗》的逐字索引不知要花费多少人多少年的光阴。

要将《全唐诗索引》编成书出版在当年并非易事。北大王选老师的团队研发的我国第一台激光汉字照排系统原理性样机"华光Ⅰ型"，虽然早在1981年7月就通过了部级鉴定，但直到1987年《经济日报》才成为我国第一家试用"华光Ⅲ型机"的报纸。1988年，经济日报社印刷厂成为世界上第一家彻底废除汉字铅字的印刷厂。遗憾的是，华光汉字激光照排系统只支持国标GB2312的六千七百六十三个简体字，无法满足排印《全唐诗索引》的要求。

栾贵明先生与王选老师多次联系，王选老师也来过计算机室，但王选老师及其团队当时的首要任务是顶住从国外引进激光汉字照排系统的潮流，推广、普及华光汉字激光照排系统，无暇研发可用于古籍出版的汉字激光照排系统。

仓颉汉字系统的优点是可以用汉字的部首偏旁来造字，也就是只需要做出数百个部首偏旁的点阵或矢量字库就可以用其生成无数个汉字。但缺点是生成的字形不美观，不适合排版印刷。因此，计算机室只能自行研发用于古籍排版的激光汉字照排系统。但在当时的条件下需要克服两个难题：

首先需要造出排印《全唐诗索引》所需要的四万多个繁体字。为此，计算机室将学员们分为两个组，一组负责录入《全唐诗》；另一组负责造出四万多个繁体字，用于《全唐诗》索引的排版。

其次需要研发可以支持这四万多个繁体字的激光汉字照排系统。王选老师的团队从1974年上马748工程的精密汉字照排系统以来，一直到1988年经济日报印刷厂采用华光Ⅲ型汉字激光照排系统，整整花了十四年。虽然王选老师的华光系统比进口的激光汉字照排系统要便宜得多，但对计算机室来说也是天文数字。

1984年，惠普公司推出了世界上第一款桌面激光打印机，这款桌面激光打印机进入中国大陆后，计算机室买了一台。栾先生发现，如果将纸张换成透明胶片，让激光打印机将文字和版式打印到透明胶片上，送到印刷厂即可印刷。这个创意看似简单，但却是一项颠覆性技术。所谓激光照排系统是激光照相排版系统的简称，其原理是通过激光照排机将排好版的影像拍摄到胶片上→冲洗胶片→让影像在胶片上显影→再用显好影的胶片晒版，也就是将胶片上的影像复制到 PS 版（预涂感光版）上。栾先生的这个创意采用便宜的桌面激光打印机代替昂贵的激光照排机，直接在透明片基上将排好版的影像打印出来。如同《全唐诗全文数据库》一样，这套汉字排版打印系统也是世界第一。

由于需要编写自动将《全唐诗》全文数据库的检索结果排成《全唐诗索引》要求版式的程序，并且需要通过激光打印机的驱动程序调用四万多个繁体字字库将排好的版式打印出来，我被借调到计算机室编写自动排版程序和激光打印机驱动程序。

在布置工作时，栾先生又一次提到钱先生，我终于忍不住了，问道：钱先生是谁？

栾先生回答：钱锺书。

我太太曾向我转述过她好友的说法：钱锺书的一句话，就能写一篇高水平的论文。我太太的这位好友是位才女，也是中文系的同班同学，其父是毕业于西南联大的大学教授。栾先生的计算机水平已让我惊叹，更让我难以想象的是钱锺书先生居然懂计算机，他们提出来的技术方案我就想不出来，但又是切实可行的。作为计算机专业人士，除了一个"服"字外，我无话可说。

《围城》

栾先生知道我喜欢看小说，找了本《围城》让我读。我看小说很快，只用一天就看完了。一般的小说看完就看完了，留不下什么印象，更不会反复思量。

《围城》的情节很简单：城外的人想进到城里，城里的人想出到城外，这是人性。无论是进到城里，还是出到城外，又都认为离开的地方更好，开始新一轮进城与出城，只不过进城的人成了出城的人，出城的人成了进城的人，循环往复，周而复始，这是人生。

读完《围城》，我绞尽脑汁也想不通，我是在城里还是在城外？想要进城还是出城？

我问栾先生：钱先生是在城里还是在城外？

他回答：钱先生既不在城里，也不在城外。

钱先生当年曾面临过去留的选择。他决定不走并不是有什么幻想，只是不愿离开文化之根，不愿再流亡而已。用栾先生的话来说：钱先生是想要留在有书可读的地方。而且决心一旦下定，就绝不反悔。

栾先生1964年北大毕业后分配到文学研究所，从第一次见到钱先生，到1998年12月19日钱先生仙逝，长达三十四年中一直追随钱先生。我1986年认识栾先生，到2022年12月19日栾先生谢世，也已三十六年。在我记忆中，没有一天他不是在按照钱先生的嘱托学习和工作。他把他的一生无怨无悔、毫无保留地贡献给了钱先生和钱先生托付给他的事业，没有一丝一毫犹豫和彷徨。

就如同冥冥之中有上帝安排一样，栾先生在二十四年后的同一天追随钱先生而去。在天国，他也一定会伴随在钱先生身边。

我有几位早已出国的朋友，多年来一直在纠结回国还是留在国外。也有一些朋友揣测，如果钱先生当年出国，一定会比留在国内更有成就，但杨绛先生不这样看。

2001年10月28日，杨绛复函给正在为钱锺书作传的美国纽约大学的汤晏，信的重点就是解答钱锺书为什么不愿去父母之邦：

钱锺书不愿去父母之邦，有几个原因。一个重要的原因是他深爱祖国的语言——他的 mother tongue，他不愿用外文创作。假如他不得已而只能寄居国外，他首先就得谋求合适的职业来维持生计。他必须付出大部分时间保住职业，以图生存。凭他的才学，他准会挤出时间，配合职业，用外文写出几部有关中外文化的著作。但是《百合心》是不会写下去了。《槐聚诗存》也没有了。《宋诗选注》也没有了。《管锥编》也没有了。当时《宋诗选注》受到批判，钱锺书并没有"痛心疾首"。因为他知道自己是一个"旧知识分子"。

栾先生的独生女儿马雨萌定居在加拿大，一直希望栾先生和马蓉老师能到加拿大定居，以便能照顾父母。在完成钱先生交代的《宋诗纪事补正》之后，栾先生终于有机会能满足女儿的心愿，到加拿大与女儿团聚，但有一个条件，就是在加拿大只住一个月就回国，继续完成"中国古典数字工程"的工作和《大书出世》的写作。马蓉老师倒是打算到加拿大定居，为此将所有的书都收拾好并运到了加拿大。一个月后，栾先生红光满面、精神抖擞地按时回国。看到他的模样，大家都希望他能留在加拿大安度晚年，尽享天伦之乐。但他不愿意，说钱先生交代的事情还没有做完，等把事情做完了之后再说。更没有想到的是马蓉老师在加拿大只住了三年就回国了。我在长阳扫叶公司的农家小院见到马蓉老师与栾先生在一起时就深信，马蓉老师是挂念着栾先生才回国的。

在正式调到计算机室之前，我被借调过近四年，曾经在办公室住过一段时间。栾先生经常是第一个到办公室，最后一个离开，熬夜更是家常便饭。记得我在调试激光打印机驱动程序时有三天三夜没有睡觉，一直到程序调通后才一气睡了两天。但在栾先生面前，我只能甘拜下风，而我正是精力旺盛、年富力强之时，他可是比我年长了整整十五岁。

整个计算机室在那段日子都很拼，虽然很辛苦，但士气高昂，没人叫苦叫累，更没有人打退堂鼓。大家知道，我们正在从事着前无古人的事业，在人的一生中，哪怕只有一次这样的机会和时刻，都足以让自己终生无悔。

那时，计算机室经常高朋满座，从院领导到外宾，访客不断，找的都是栾先生，所以他非常忙碌。但对栾先生来说有一件事雷打不动，那就是每周六上午必到钱先生家。如果去晚了，钱先生或杨先生的电话就会打过来，问栾先生为何还不过去？

每次从钱先生家回来，栾先生都会对我说他为钱先生做了什么事。钱先生和杨先生对他说了什么，做了什么事，其中有件事给我留下了深刻印象。当栾先生到钱家将《管锥编》的稿费交给钱先生后，钱先生特意穿上大衣，在每个兜里都塞上钱，然后拉着杨先生和栾先生出门在街上溜达了一圈，一分钱都没花，回家后宣布，做了一回有钱人。与之相对应的是，保定计算机厂借了台价值四万元的电脑给栾先生试用，但不能拖着一分钱都不付，厂方也有很大的压力。在那个万元户就是富豪的年代，四万元是笔巨款。栾先生将家里的积蓄全部拿了出来并且变卖了一些家当。马蓉老师不乐意，女儿还在上学，万一家里有急事，没点积蓄怎么办？但拗不过栾先生。钱先生得知此事后，将自己的稿费拿出来给栾先生，付了部分款项给厂方，才算解了燃眉之急。

栾先生对我感慨道，钱先生与他聊天时经常会说出连珠妙语和弥足珍贵的思想，他只能记在心里，回家后再用笔记下来，但难免挂一漏万，非常可惜。我给他出主意：日本的索尼、松下和三洋都出了袖珍盒式录音机，体积很小，一盒磁带录音两个小时。可以放在兜里，需要录音时按一下录音键即可。他开始有些犹豫，担心钱先生知道后会不高兴，但最后还是去买了台松下袖珍录音机和磁带。在去钱先生家前还与我反复操练，看看怎样才能不让钱先生发现。从钱家回来，栾先生会将录音放给我听。我听不懂钱先生的无锡口音，他还会给我解释。虽然我从未见过钱先生和杨先生，但却听到过钱先生的声音和讲话。

通过栾先生，我认识了钱先生，认识了钱先生，我也才认识了栾先生。

……

2000年7月，退休后的栾先生另起炉灶，按照钱先生的指示研发"中国古典数字工程"，直到生命的最后一息。

钱先生和栾先生用他们的思想和行动让我明白，城里或是城外，进城还是出城，取决于我们心中是否有一道无形的城墙。拆除这道城墙，就再也没有城里还是城外，进城还是出城的区别。

深切缅怀栾贵明兄

邱永君

2022 年 12 月 20 日，突接挚友张世林君微信，告知北大老学长栾贵明兄已于昨天上午十时驾鹤西归，享年八十有二；而恰与其恩师钱锺书先生忌日相同，相隔整整二十四载。悲痛之余，良久无语。与兄交游之历历场景，次第浮现眼前。

2019 年 6 月，作者与栾贵明、张世林、田奕合影（右起）

兄乃京城世家子，出身北大中文系，更是锺书先生入室门生，并长期兼任先生研究助手。在东土至黯之浩劫岁月，曾奋不顾身，鞍前马后，鼎力护师，情同父子。上世纪八九十年代，锺书先生以才情、学养、眼界、高品而誉满九州，冠绝士林，属神祇般存在。其大作《围城》《管锥编》《猫》《人·兽·鬼》等，均曾作为我读研、读博阶段之床头书，乘暇品读，辄击节称妙，爱不释手。虽曾同僚一载，然先生尊为掌院，永君甫得入职；以因缘浅、入道迟之故，从未得机缘沐浴风华，瞻望神采，为此而抱憾终生，徒呼奈何。而兄于上世纪六十年代初即问学燕园，毕业便入职我院，饱得锺书先生亲炙；且早已成长为顶流大家。我久闻兄之大名，然一直无由谋面。六年前，幸得香港和平图书公司前总编辑张世林君引介，并拨冗亲陪，奔赴房山长阳镇扫叶园，专程拜望兄长，自此相识相交，真真一见如故，必有前缘。

清晰记得 2017 年 8 月某日，万里无云，气温飙升；午前到达，一片光明。扫叶园屋舍俨然，花木掩映，芳径净洁，柴扉开启，得田奕女士接引，入室登堂；而兄早已候于客厅，宾主握手寒暄，相对而坐。只见兄目光澄澈，笑容可掬；反应机敏，冰雪聪明；口才一流，声若洪钟；自信满满，谈笑风生。我献上篆印一方，曰"栾贵明印"，朱文汉风，布局平正，以作见面薄礼；兄则以一对上等寿山石章料回赠。案上鲜果数盘，皆晨时采摘自园内；香茗一盏，冲泡龙毫八窨花茶，色香味形俱佳，老北京之最爱。

经兄介绍得知，扫叶公司乃遵钱锺书先生嘱，由其本人与杨绛先生学术秘书田奕女士于 2007 年联手创办。最初选址于西郊，后迁兹处，以图其环境之静幽、空间之宽裕也。客厅书柜顶端，钱杨二老伉俪之墨宝赫然并列，清劲典雅，才情冠绝，更因惜墨如金，真迹实难多觏。此刻得以零距离品读赏鉴，眼福大饱，人生快事，此其一也。

午餐用罢，由田奕女士陪同参观。扫叶园占地八亩，远避喧嚣；青藤掩映，绿树成荫；松鼠跳跃，百鸟翔集，大得天趣，真真世外桃源也。更有二哈十余只，皆年甫少壮，犬才一表；威风凛凛，气宇轩昂；吠声清脆，不绝于耳。此时此刻，陶令"开荒南野际，守拙归园田；方宅十余亩，草屋八九间。榆柳荫后檐，桃李罗堂前。暖暖远人村，依依墟里烟"之千古名句不禁在心中回荡，然栾兄卜居于此，绝非遁世，而是"致广大而尽精微"，运用当今最为先进之信息技术整理古籍，实为超前善举，功德无量。"扫叶"之名，当得名于清末民初大儒祝公廷华"校书如扫叶，日日战秋风；辛苦经寒暑，精诚贯始终"之句。成立至今，在兄主持下，广募贤才，依仗电脑，遍袤古籍，录入检索，进而完成善本之再造、佚本之重辑。价值品位，举世无双。令我兴叹望尘，钦佩之至。乃即兴诌得四言小诗一首，曰：

> 拜访扫叶，与兄结缘；相见恨晚，兴致盎然；赏花尝果，品茗长谈；评今论古，万语千言；暂避喧嚣，半日悠闲；不觉日昃，揖别留连。

自与兄定交，往还不辍，曾先后四次拜访，皆获热情接待。其间三年大疫，无奈万般；移居城北泰山大厦后，幸而交通略显畅达。伴随交流之不断深入，话题亦渐次拓展。得知兄祖辈世居西城，经营实业，财力可观，家风醇正。其生长于西四北三条，距寒舍仅隔不足一里，旧居至今保留完整，却被官府强占；因种种原因，至今仍未物归原主。我曾专程实地考察，只见高门垂花，布局三进；雕梁画栋，庭院深深。兄早年生活品位之高端、成长环境之优渥，于兹可见一斑。

与兄所谈话题，甚是广泛，遍及旧京风情、士林掌故、北大轶闻、学部公案等等，不一而足，如数家珍；兄往往言辞犀利，切中肯綮，针砭时弊，入木三分。燕园学子之境界、才情、深刻、尖锐，体现得淋漓尽致。

兄才具之超迈，当世鲜有其匹；且贯通中西，文理兼擅，兴趣广博，勇于任事。大学毕业时，班级师生合影，即兄亲自拍摄并冲印，可谓时尚先驱，亦可证其对新生事物之热衷与关注；且灵犀天成，一点即通。这也为其日后驰骋于计算机领域，亲自编程，撑起"中华古典文献数字化"大业，奠定初基、埋下伏笔。

兄之为人，有古名士风。其于锺书先生身后，秉承"事死如事生"之传统理念，将师生情谊化作对杨绛先生之真诚报答。其与助手田奕女士一道，对师母之关怀、照应无微不至，情同家人。这也是杨绛先生晚年安宁幸福，心静如水，享寿一百零五岁之重要因素。

与兄交游，若饮醇醪，不觉自醉。其性情雍容大度，率直慷慨；每次会面，皆待以上宾之礼，品茗聚餐，惠赠宝笈。计有再造善本《管子集》《乐经集》《禅宗六祖师集》等，皆限量复制，价值连城。我本锺书先生铁粉，而兄与先生过从之密，受先生熏染之深，举世无两，更是锺书先生钢丝，每次提及先生，倾慕敬仰之情辄溢于言表。与兄交游，仿佛求日精而得月华，大可弥补缺憾焉。

2022 年 10 月，献篆印予栾贵明

又及，顷得邸永君先生读小文喜治大印奖之。其人学研究之深，待人之平和，可谓天下稀有。今将其所治大印奉诸简端，共享荣光。只盼此举，不为师弟增烦添劳，只为狂欢不可自胜也！平民大兄直接了当，而小弟则委婉如不可言耳。

栾贵明 拜

7

栾贵明兄撰文记述"接'扫叶'印事"之校稿

86

综上所述，与兄因缘殊胜，时短情长；挚意真情，岂可无报欤？然辄自赧于潦倒书生，身无长物；想后思前，乃施展薄技，尽力倾心，精镌篆印一枚，文曰"扫叶"，特择取六十毫米见方之上等寿山石料，精心布局，不苟一刀，郑重回礼；篆罢自鉴，效果佳良。去岁十月，我携兹印专程拜访，郑重呈上。兄见而喜之，并专文以记。当时情景，恍然如昨，却已分处阴阳，隔于两界，怎能不临文嗟悼，痛贯心肝！

赞曰：

贵明栾兄，士林之荣；

负笈燕园，文理全能。

追随钱老，倾心竭诚；

奋不顾身，甘苦咸同。

谨遵教诲，不改初衷；

创建扫叶，水起风生。

修得正果，捭阖纵横；

名满天下，功高德隆。

旻天不吊，药石无灵；

骤别尘世，痛煞亲朋。

哲人其萎，驾鹤九重；

天国无病，伴师同行。

唐诗有云："长恨言语浅，不如人意深；今朝两相视，脉脉万重心。"信然。兄驾鹤时，正值疫情惯性干扰之际，咫尺天涯，竟未得相送。每每思及，总觉对兄不起。迩得世林君示，将为兄推出《纪念文集》，特约稿于我。以屡蒙厚爱，引为知己；持赠宝笈，教诲谆谆。而书生无用，唯秃笔在手，尚可撰文；复得雅命，安敢辞焉。故将所思所感，整理成篇；书不尽言，谨抒诚悃。现匆匆送上，聊以告慰栾兄在天之灵，竟未遑虑及资质之鲁钝、识见之疏浅也。

栾爷给我的启示录

——悼念栾爷

钟少华

　　到二十一世纪初叶，我已经在中国学术界混了二十多年了，眼看着这光怪陆离的学术圈，我沉思：做学问无非就是从各类文献中刨出一些来，用自己的观点加以梳理，就能证明自己的正确吗？何况，仅是中国文献经过几千年的积淀，就从来没有个清晰的状况。其实哪怕仅是前推二百年的文献史料，也是至今没有梳理清楚。那么，我荷锄浅挖出来的东西，算是挖出理想的成果了吗？于是，我陷入长久的迷茫中。待到2004年的香山会议开始，我坐到旁听座边，主持人栾贵明没有正装打扮，居然离开主席台走到我旁边坐下，与不同发言者对话。我十分惊讶，这与我心目中的高贵学者形象大相径庭。更何况当时火热的电脑技术术语，虽然一时搞不懂，回来写了一篇随笔《萤火虫遐思》，记下一点感慨。

　　没有过几天，我就踏上去石景山区他们的第三窟去拜访求教，栾爷客气地给我讲述他们的工作流程。我更加不懂啦，怎么学者开公司？而且不以赚钱为目的！其中肯定有空前的宝藏，我感到了需要求知，于是好像一块巨大的磁石，牢牢地吸引着我，从此我就成为扫叶库的常客啦，十九年来，我追随他们跑遍门头沟区第四窟、第五窟、良乡区第六窟、直到海淀区第七窟（泰山饭店）。每一次与栾爷的谈话，都让我如获至宝，满载而归。慢慢地，我逐渐了解到栾爷对我的启示，是整个开拓了一条中国学术的新路，我从中领会到一点点，已经足够运用到自己的学术道路上了。现在栾爷已仙逝，他要前往与他的老师钱锺书前辈会聚，而我只能略述我所得到的启示，以为永远的纪念。

其一，关于扫叶库的认知，我已经写成《钱老的"扫叶库"给我的启示》一文，在2021年就呈给栾爷啦。写的是介绍钱老创建的扫叶库的成就，而且都是栾爷讲的，这里不再赘述。

其二，栾爷在中国社科院的外号是"放电影的"，他自己是讲得有声有色，而且曾当面修理电视机，恰似一位电工师傅。而他在文学所的本领，本来完全可以成为一名文学研究家或者作家。只是因缘巧合，他成了钱老的助手，在八十年代初，就开创了中国数字工程的先河。不料，无妄之灾居然降临这些为中国文化做贡献的年轻人头上，详情参看当时的秘书长杨润时为扫叶库编纂出版的《子曰》一书所写的序，这里也不再复述。我多次听他讲述后才理解到，他的学术事业心是多么自信和强大！他的事业心让我如梦初醒，原来在中国做学问是需要科学的理智加高明的执行力！每次听到他深情地讲述他带领扫叶库所经历过的细节，也都让我心灵涤荡，于是，我学习他，努力探寻自己新的学术道路。

其三，钱老设计了将中华传统文献全部输入电脑的宏伟方案，而实际造就成功的是栾爷。中华文献，从太古到清朝结束，那是多么复杂又杂乱的堆积物呀。再加上古字不规范，版本各异，还难以寻觅，令近代版本学家、文献学家都头疼不已。栾爷偏偏依靠电脑的威力，梳理出一条清晰的表述之路。要知道，他是没有拿国家基金的经费，而且这个公司是属于民办性质。他能够开拓出文学研究的新路，将来还可以让后人重写文献学。我虽然曾蒙启功先生教导学习到初级的"猪跑学"（启功先生对自己讲授的文献学的称呼），也只会大呼隆般地随前人挖掘一点点东西。因此，栾爷和他的合作者田奕女士所建立的整个从搜寻到表述的中国文献新体系，将是我们学习知识的新台阶。

其四，我们仅从扫叶库近来出版的一些书籍，就看出其惊人的认知能力。一部《中华史表》居然是"公元前4464年—公元1912年华夏文化六千三百七十六年完整记录"。而且，栾爷还对我说："这是根据文献变动纪年表，如果谁需要纪日表，我马上就可以提供。当然，这六千多年的纪日表，如果印出来，不知哪间屋子能够装下。"又如《太古帝王集》《太古臣民集》，书中给出了六十五位华夏太古时期人物的言谈，这是我们老祖宗的话语，可是我们几千年都没有能够见到过；更不要说《黄帝集》《炎帝集》了。至于《子曰》（即孔子集）、《老子集》、《庄子集》等，看看其中历代不同版本的内容安排，肯定让今天的学生受益匪浅。最令我惊讶的是栾爷把失传多年的《永乐大典》中的一卷，硬是凭着人的聪明和听话的电脑，给编撰出来了，要不是亲见，我是不会相信的。至于更多的还没有印出来的，栾爷就曾经讲到：只要有人愿意出版，他还有地图库、成语库等可以提供。还有，扫叶库中约四万人的"个人集"，（《四库全书》中有八千人）。只是栾爷已经等不到这些成果展现在世人面前了。

其五，十多年前，正当栾爷讲得兴高采烈的时候，我突发奇想，就问他：能不能够从电脑中查出某个中文单词在历史上的全部痕迹？他立即回答：能。这正是我一直不敢追溯中文单词的语义变化的根本原因，也一直是学术圈的空白区。栾爷立即打开他的386电脑，输入我想看到的单词，不一会儿的工夫，电脑上就显示出来了一长串字，全部都是该单词在某个时代、某个人物、某个作品中出现的，并且是在该单词前面与后面的整段繁体字文献，还引用古代句读符号来点断开，整整齐齐排列百余条。这简直让我乐疯啦，立即请求将之赐给我，栾爷爽快地答应。从此，他陆续无偿给过我数百个单词的查询内容。条件只有一个，不能公开，因为该公司没有做买卖营业。而我，从此就信心满满地发表一连串的文章和专著。这因为中文字源学的研究一直有个短板，就是汉字字源缺乏全面梳理，难以形成理论根据。现在栾爷手指头略动几动，几千年的字源文献就乖乖地亮在读者眼前。于是，我开始拿着一个个单词，到国际学术会议上去宣读。最后以中文概念史研究的整体思路，汇集成书，在2012年就出版了第一部《中文概念史论》，书中表述了"文学""科学""文化""真理""知识"等十六个单词。随后又有三部同样思路的专著出版，去年还写完第五部。在栾爷与我最后的通话中，我还向他报告，我开始写第六部啦。所以说，是他的支持和启发，使我明确地踏上一条学术之路，而这只不过是他所创建的软件的一个小功能而已。获得太多支持的学者远不仅我一人，我知道的就有数位。例如北京大学何九盈老先生，他托我转给栾爷的一封信，就很说明问题（见附录）。

其六，栾爷的团队在八十年代就曾取得"国家科技进步奖"。到三十多年后的今天，扫叶库已经基本成形，不久就可以完成了。我们在祝贺之余，在利用之余，一定要想想，钱老和栾爷的人脑与电脑结合的伟大的创造思想与实践，是一种全新的认知科学的命题！相信后来有心人是会继承并且弘扬的。我本人不过仅是从中得到一点点，梳理后代文献，就已经解决了我的全新课题中的难点。

其七，栾爷的文笔锋利精确无比。有一次，我遇上一个热门电视剧原著作者的夫人，前来向栾爷道谢。那电视剧我是喜欢看的，一直很欣赏其中人物的对话。我好奇地向他打听，栾爷只是淡淡地回答说："他的剧本底稿写得好。"我明白了，原来他才是幕后捉刀人。至于大家期盼的栾爷收官之作《大书出世》，已经在网上传开了，读者自会领略栾爷的文风。这也使得我在作文下笔时，总会想到如何才能学到栾爷的一点点？

其八，我无论节前节后、春夏秋冬去拜访扫叶库，栾爷都是热情迎接。我知道他有家族，有美好的家庭，但是他告诉我说，他一年三百六十五天，都是守在扫叶库中。特别是在长阳镇，他设计的小院落平房，院子里虽然夏秋的月季花灿烂环绕，但是严冬的小小办公室和卧室里自己取暖，那可真是考验我们北京爷们的地方。为了事业，他牺牲了个人的荣华富贵！中国现代书生，又有几人能够为事业做出如此艰辛的贡献！他才是真的北京爷们！

现在栾爷已经赴天国和钱老欢聚了，传来他们的笑声。表示他们的努力奋斗，已经给中国留下珍贵的宝库。而我们后人该当学习些什么？能够继承做些什么？田奕女士促写，我无言以对，思前想后，我只是凑了一副对联：

呕心沥血开拓中华文献新时代

鞠躬尽瘁钱衆携手扫叶新文化

2023 年 1 月 17 日写于北京

附　录

贵明先生：

复印资料 58 页及先生主编的《丛书》两种均于日前奉到，甚为感激。

"古典数字工程"意义深远泽及子孙后代，属于文化基本建设。未来一代又一代的"乘凉"者，必将感念"种树"前辈的丰功伟绩，这是可以预期的。

《太古》研究若能与今之考古活动联系起来，《集》中有关资料便是无价之宝。如"贵夷区"与《庄子》中的"大隗""贝茨山"有密切关系。此山在今河南新乡、新郑、禹州之间，考古工作者在此山发现了原始时期先民活动遗迹，岩画就有几千处，其时代不晚于四千年。贵夷这个族群在黄帝时代产生过重大影响，《鬼谷子》这部书是战国时代的作品，而渊源却甚早。作者也可能与大隗地还有一定的关系。

个人于此并无专门研究，兴之所至，瞽说一通，乞谅！顺祝

一切安好！

何九盈

2022.4.28

听高山流水 遇厚谊之交

——眼科病房的邂逅与结识

黄权衡

2020 年 10 月，我因为右眼视网膜穿孔和左眼白内障住进了北京医院眼科病房。一天，我路过隔壁病房，被屋内传出的洪亮声音所吸引，从此拉开了这场奇缘的帷幕。

站在门口向里望去，只见一位住三床的老先生正在给二床的病友讲孔夫子，解说《论语》的要义。观点新鲜，言语风趣，令我听得十分投入。下午再次路过，见二床病友没在，就径自进去搭讪："这位老先生，听您上午讲《论语》的要义，很受启发。您讲得真好，我一直在门外偷听。您下一讲准备讲什么？《道德经》吗？如果是，我还要来偷听。""偷听"是不用交学费的。就像过去的穷孩子，读不起书，躲在教室的窗户外，偷听老师上课一样。这位先生很热情，直向我招手，"你过来，过来……"走上前，他说："如果你想深入了解《道德经》，就请你读读钱锺书先生的《管锥编》，里面讲得很清楚，不需要讲解。"我充满好奇地望向他。

随后，他先做了自我介绍。他叫栾贵明，北京大学中文系古典文献专业毕业。1964 年，被分配到中国科学院文学研究所工作。在那里结识了钱锺书先生，之后就一直追随钱先生，成为他的助手。讲到钱先生时，提及钱先生女儿钱瑗 1984 年到欧洲访问，见到英国人正在用计算机研究莎士比亚的戏剧，回来后告诉了父亲。钱先生了解到电脑的优势后，就决定用电脑来处理中国古典文史资料，并把这个十分艰巨且意义重大的任务交给了栾先生。栾先生全力以赴，一直从事这个工作至今。他还向我介绍了承载这个项目的北京扫叶公司，包括现在工作中的成果和难题。我被他忘我工作及默默奉献的精神深深打动了。

聊天中，偶知扫叶公司正在策划出版纪念钱锺书先生的文集——《风雨默存》。他们翻检钱先生的好友名录时，看到列在第一位的是外交部周南先生，笃定钱先生和周先生的交谊匪浅，很渴望能请周老为该书撰写文章。只有一个名字，没有任何联系方式，怎样才能找到周先生呢？他们毫无头绪。真是无巧不成书，我竟帮上了忙，很快促成扫叶公司总经理田奕对周老的采访，并得到一篇分量很重的文章。为此栾先生很高兴，也非常感激。

在栾先生这里，我知道了更多有关钱先生的事迹和学识，包括早年游历欧洲，考察欧洲文化的一些逸闻趣事。让我更深刻地感到钱先生是高耸云端的峭壁，我们只能仰望；栾先生是在峭壁下流淌的清流，是一湖碧涧，碧绿色的涧水永远涌动着悦耳的泠泠之音。出院后，受栾先生之邀，我到访过一次扫叶公司，对于扫叶公司所取得的成就和遇到的问题，都非常关注。

2022 年 12 月 19 日，栾先生不幸离世。但他并没有真正离我们远去，他的精神一直影响着所有扫叶人，扫叶公司也后继有人。钱先生的睿智，栾先生的坚守，成就了"中国古典数字工程"这个伟大的事业。依我对扫叶公司的接触和了解，使我对它的未来充满信心。我坚信凭借田奕女士的才略与学识，在她的带领下，全体员工有能力、有意志，同栾先生一样，为实现钱先生的遗愿和生前规划，而奋力"扫叶"不止。

栾先生的奋斗精神永垂不朽！

附　录

读槐聚诗存

黄权衡

一

游遍欧罗皆尔尔，

归来李杜更苏辛。

流秀笔端文心意，

不事雕饰在本真。

二

学识深如海，

孤高似逸云。

涓涓情寄处，

下笔语惊人。

三

睿智思高远，
翁称己默存。
胸中怀万古，
只顾事耕耘。

四
走近扫叶公司

峻岭参天树，
依偎片片云。
偶尔幽径走，
满袖溢清芬。

缅念栾贵明先生

潘耀明

栾贵明先生走了——走得悄悄，仿佛不留痕迹。

我曾称栾先生是"隐世奇侠"，他的逝世显得默然无闻。这与他的作风有关——不显山不露水，他在北京的荒郊埋首钻研中华传统文化的浩大工程，为悠悠中华文化解开谜团，为世人摒除一道道的迷障。

也许栾先生从事的事业是"隐世"的，相信不是圈内的人，是从未闻问的。记得前年我曾写过栾先生一生从事的"中国古典数字工程"："'中国古典数字工程'是钱锺书生前一力倡建的，那是1985年的事。钱先生逝世后，他的得力助手栾贵明教授坚守钱先生制定的严谨规条：'必得倾心献智，按章蹈矩，善始善终。'"

那年腊月，我专程去北京郊区房山探访"中国古典数字工程"，并拜访世外学人栾贵明先生。说栾先生是世外学人，是他过着几近隐居的生活，全心全意肩负起乃师钱锺书先生的重托，鞠躬尽瘁，成就一番前无古人的文化事业。

栾先生与他的团队，通过现代化计算机在浩瀚的艺海钩沉稽古、发微抉隐，从而增补整理一大批失佚的古籍和文字。

栾先生逝世前，他领导的团队已整理出版三百种古籍，包括《中华史表》《乐经集》《老子集》《鬼谷子集》《孙子集》《庄子集》《列子集》作为第一批"古典数字工程丛书"的制作，继后更有《黄帝集》《炎帝集》《太古帝王集》《太古臣民集》等。

这些成果，有部分在我多年前当特邀主编的《国学新视野》陆续披载了。记得《国学新视野》有一篇文章涉及栾先生及团队对《中华史表》的考证溯源，有着惊人的发现："《中华史表》明确考得中国历史纪年当从距今六千四百七十七年（公元前4464年）燧人氏肇始，从而填补了两千多年太古时代文献资料的空白，一驳中国最早的商文明（应始于公元前1500年左右）以前统统是不可为证的'传说时代'的结论，确立华夏文明不再是上下五千年，而为实实在在的六千五百年。"

换言之，我们过去自称中国有五千年历史文化要改观了，自此以后，我们的华夏文化正确的说法是六千五百年历史。依此类推，可见栾先生从事的文化工程非凡的意义。

栾先生1964年毕业于北京大学中文系古典文献专业，追随钱锺书先生三十余年，受到精通六种外文的大儒钱先生熏陶，知识渊博。1964年至2000年6月栾先生在中国社会科学院文学所古代组从事研究工作，1985年创建中国社会科学院计算机室并任主任，从事中国古典文献计算机的研究工作，1988年起任研究员，曾获国家科技进步奖。

栾先生无私奉献，用毕生的愿力及决心，去成就人类不朽的功德事业，令人仰止和敬佩！

钱先生说"他是一个厚道实在的人"

——回忆栾贵明先生二三事

陆文虎

栾贵明先生是我四十年的良师益友。前不久，当他的学生田奕告诉我他去世的消息时，我完全不敢相信，确认后不禁悲从中来，他才八十二岁，还有许多事情要做。栾先生是有开拓精神的古典文献研究学者，是钱锺书先生的弟子、朋友和事实上的助手，也是给了我许多帮助的好友。这些天，栾先生永远微笑着的鲜活形象似乎总在我眼前。

有一次，在钱锺书先生家里闲聊，当谈到栾贵明时，钱先生说："他是一个厚道实在的人，帮我做了许多事。"口吻中饱含欣赏和信任。是啊，我在钱先生家常常看到栾先生像家人一样出出进进，忙东忙西。他帮钱先生寄信、借书，以及查资料、复印文献等等。钱先生给他讲过许多事，他也记下了钱先生许多话。在《小说逸语》中，栾贵明记述了钱先生关于小说特别是《围城》的许多深刻且有趣的议论，读来颇觉过瘾。他后来又写了关于《管锥编》的《大书出世》，更值得广大钱迷的期待。

栾贵明给我讲过不少钱先生的趣事。例如，某年，见到文学所一位新人叫许德政，钱先生便说，这恰是一句歇后语：新官上任——许德政。反应之快，令人吃惊。后来见到许德政时，我曾向他求证过此事。又如，某人自诩学问高超，竟然吹牛说："连钱先生都说他不如我。"栾先生就去问钱先生，钱先生回答说："我不如他，是事实；我没说过这句话，也是事实。"栾先生说，这回答真是太妙了。诸如此类的故事，他讲过不少。

栾先生不仅是一个肯做事的人，还是一个能做成大事的人。1984 年，钱锺书先生提出要用计算机处理中国古籍，栾贵明接受了这项任务。他本是北京大学古典文献专业出身，为了让计算机能够处理中国古代文史哲典籍的海量文献，他半路出家，从零开始学习编程、统计、大数据，最后竟成了文科电脑专家。在此期间，他克服了许多无法想象的困难。在将近四十年的时间里，栾贵明、田奕等人越战越勇，完成了国家级水准的"中国古典文献数字工程"。利用这个平台，他们用计算机进行从上古汉字产生以来至公元 1912 年以前六千四百年间全部古典文献的收录扫描工作，并以此为基础建设开拓万古的文化工程，包括：古来有史可稽的四十万人的人名库、十七亿字精校作品库、一千万字地名库、六千五百年日历库、三千万字的《中华语典》……目前已出版《中华史表》一部、"万人集"系列中的《黄帝集》《炎帝集》《子曰》《老子》《庄子》《禅宗六祖师集》《乐经集》等三百部。其中，有的是古今中外古籍目录中从未著录、首次辑佚整理的"新古籍"，有的是虽有记载而轶失已久的经典，还有许多是对传世版本的大规模补遗。这些皇皇巨著的出现，极大地改变了千年华夏古籍的旧有面貌。2014 年 7 月，蒙栾先生之邀，我出席了《中华史表》和《老子》等书的新闻发布会，多位知名学术专家的发言让我对"中国古典文献数字工程"有了更进一步的了解和认识。

栾先生既能帮大学问家钱先生做大事，也能关心身边的小人物的小事情。我 1982 年从厦门大学研究生毕业后到北京工作。此前在写硕士论文时，为了自己方便，编了《〈管锥编〉索引》。我的导师郑朝宗教授认为，可能会对其他初读《管锥编》的人有用处，就推荐给中华书局。中华书局接受了书稿，但提出了修改意见，例如须将原来的按汉语拼音排序改为按四角号码排序等等。这时，我得到了栾先生的无私帮助，使之得到了大大完善。这件事完全可以印证钱先生给他的"厚道实在"的评价。对《〈管锥编〉〈谈艺录〉索引》，"钱学专家"可能嗤之以鼻，但该书后来曾再版，可见还有人愿意翻翻。今日观之，此索引舛误之处不少；再加上后来三联书店出版了《管锥编》《谈艺录》重排版，年轻一辈学者一般不再读此二书的首版，何况他们也不用四角号码，因此，这本索引已经少有人问津。但是，这本幼稚的小书却一直鼓励我业余"读钱"。为此，我始终感谢栾先生对我的帮助。

我在北太平庄住了二十多年，栾贵明那时住在小西天，我去他家，骑车只需五分钟。因此，我们常常在他家里见面，或者向他请教什么，或者聊大天，或者取回钱先生叫他转交的信件或资料等等。后来，他退休成立了扫叶公司。那里犹如一处藏在京都繁华喧嚣之外的桃花源，门外朴实无华，宛若一进普通的民宅小院，进入后方知别有洞天，古色古香的书本图录和现代电脑完美共生，擘画全局的他和踏实工作的员工犹如师生般亲切相处，整个就是一种和谐默契的景象。我自己去过几次，孙立川先生来北京时，我也陪同去过几次，感觉非常好。我看到，在与北京、香港、台湾的同道谈古论今时，栾贵明完全陶醉在书香墨韵的氛围里，最操心的还是如何继续他心心念念的钱锺书研究，如何完成他的宏大的"中国古典数字工程"出版计划。

那一年，钱先生病重住进北京医院，我去探视，医院不让进，说是重病患者不能探视。我问栾贵明先生怎么办，他说："按钱先生的身体情况是可以探视的，但按医院的规章制度就不能探视。你得自己想办法进医院。"我想起有一位部队的老首长也在住院，他的身体状况算不得危重，就和工作人员联系，我说明情况后就同意我进来。我到医院后先去那边报到，然后过来看望钱先生。后来熟了，就直接到钱先生的病房。我一见到钱先生，他就笑眯眯地说："我知道你是怎么进来的。贵明把你的秘密告诉我了。"

栾先生办事沉稳有章法。我记得最清楚的是钱锺书先生去世后，我们陪杨绛先生护送钱先生遗体去八宝山火化那天的情景。我一大早赶到北京医院时，栾贵明早就到了。我们在他的带领下一起去八宝山。当时，有社科院领导、文学所的几个人和一两家媒体记者也到了现场。所有事情都井井有条地办完后，我们又陪杨先生回家。到家后，杨先生说："谢谢你们几位。你们也挺有代表性的。栾贵明是院里的，陆文虎是院外的，许德政是国外的。各方面都有了。"那天一切顺遂，没有出任何纰漏。杨先生对栾先生的操办也是比较满意的。

与栾先生四十年的交往，使我受教良多，获益良多。往事真是历历在目，栾先生给我留下了深刻的印象，我将永远怀念他。衷心祝愿他在天国安息。

怀念栾贵明先生

丁建新

栾先生之于我，是师友，如父兄。即便就作者与编辑的关系而言，他也是对我影响最大的一位。这里我指的是长期的影响，从为人处世到方方面面。看问题、做学问等紧要处的启发且不说，单讲闲谈时那种轻松惬意的体会，就如坐春风霁月，难以忘怀。他的离去，我一时无法面对。

我们的交往有二十五年了，初识栾先生还是在 1998 年。合作则自年底始，当时钱锺书先生辞世，栾先生、田奕他们编选纪念文集《一寸千思》，组织文章，斟酌取舍，仅用两三个月时间就高水平地编成了一部厚重的书稿，交给辽宁出版；我们也打破常规，一个多月就高质量地编辑校对完毕并印刷发行。于是大众得以在第一时间见到钱先生许多珍贵的照片、手迹等，经由大量文章了解各界对钱先生的深切怀念，包括国外对钱先生的高度推崇。此书得到广泛好评，成为研究钱先生的重要资料。

对于这本书，我除了文字整理，还做了些零碎的工作，比如必要的英译汉。再如一篇英文文章，掺杂了对我国的不当言论，我提出做最低限度的删削处理。杨先生起初不以为意，后来还是接受建议，从而解除了被动。也许是由于合作顺手，此后栾先生出书，觉得适合我发挥所长时，会让我先行通读或编辑加工。于是不少重要书稿，无论已出未出，我常常得以先睹。

与《一寸千思》同时进入出版程序的，还有钱先生的大作《宋诗纪事补正》。原稿是他自上世纪四十年代开始积累的宋诗研究笔记。它涉及诗人约四千位，征引宏富，议论精到，有很高的学术价值。1982 年，钱先生将写满批注的一部《宋诗纪事》交给栾先生，让他誊写成《补正》初稿。钱先生由是深入所引原书校正补充。初稿校补期间及以后，钱先生又陆续大量增补批注，再由栾先生抄成第二稿，同样由钱先生全文审读。一向严谨的钱先生，随后又加扩充及订正，形成更为翔实的第三稿，依然亲自审定；钱先生对第三稿审阅了绝大部分之后，方才表示不用再看了，但提示消除重复。这后两稿，无论将钱先生的补正一一加入，还是按照钱先生指点遍寻文献，辑佚查重，各种精细的工作仍由栾先生主持，只有田奕等几人协助。而其中的繁难辛苦，担任此书责编之一的我，是接过第三稿之后才真正领会到的。

稿件篇幅庞大。八开稿纸三千多张，全部手写。为了省却重复劳动，后两稿的许多段落是从先前的稿子上一条一条裁下来，仔细粘贴到适当位置上的。记得杨先生叹道：书稿烦琐的手工活，不知栾先生是怎么做下来的！而这不过是直观的现象。要知道，对钱先生所增补的大批诗人集外散在作品，查证时绕不开的搜寻比对，种种看不见的工作，难度远远超出常人设想。为了校对誊录的批注，栾先生慨然允许我，把钱先生批注的十四册《宋诗纪事》拿到沈阳一年多，只是忍不住叮嘱要保存好。而在我提出核实增补的一些文字时，栾先生会当面翻检钱先生多年所写的数百件书信、便条等，使我见证了钱先生渊博的学识和超凡的记忆力，以及栾先生落实指示的细致周严。

只是发现署名为钱锺书时，我有些诧异，因为在原稿上见过钱先生批注中写给栾先生的话："好！即此一补，本书必署大名，无可争议，客气废话，何必多事哉！"栾先生把自己不具名比作大厦建成就该拆除脚手架，然而二十年的艰辛劳作，就这么泯灭于无形了？栾先生一向乐于听听我的意见，对这一异议却全不理会。我曾对杨先生提起栾先生为此书付出的心血。杨先生当然也有同感，并写在了前言里。她说没有栾先生的劳动此书不可能完成，还问怎样感谢才好。我只能说没办法，是他们两位处到这个份儿上了。

集中整理稿件的1999年，是我编辑能力飞跃的时期，可谓偏得。苦则苦矣，更有乐在其中。例如封面配图，是我偶然用傻瓜相机拍下的钱先生书桌与书柜。寻觅设计思路的美编见到照片产生灵感，用作背景，颇得好评。有意思的是，我想锦上添花，借了高级相机跑去重拍，杨先生、栾先生也帮着拉窗帘、调灯光，可是效果却不及随手拍的有意味，只好作罢。又如那年岁末，我从书稿里拈出宋人诗句"水活冰无日，枝柔树有春"，让孩子抄成对联贴到门口。听到路人称赞文字别致，心中不无得意。

不料2003年出书后，见报的书评里，有几篇对书中的文字差错提出严厉批评，更指摘体例不应如此，部分增补嫌多云云，甚至对书稿本身有所质疑。杨先生当即写信给我，指示暂停继续印刷。她这样要求，可以理解为对钱先生的爱护，我们只有遵从。于是修订再版从此遥遥无期。

回望出书前后，不由得感慨现世人生，晴朗之时少而灰暗之日多。从辛劳更兼快乐一变而为急刹车，我难以接受。首先，常言说无错不成书，一般以为调侃，我却深知是在行的大实话。自己从业几十年，过眼书稿少说数百，除去小学生练习册之类，一个差错都没发现的，仅为一本薄薄的诗集。内容繁难的，差错自然不免。况且就引文而言，只要稍多，谁敢说没有纰漏的（我屡屡与同行打赌：篇幅大些的书，刚出来都能查到错误，数量常在万分之一的容错率上下——始终无人应战）？《补正》首版首次印刷出错在所难免，改过来就是。这并非自我开脱，就是实情。

再者，此书从着笔到付梓约六十载，先后三稿，只有第三稿的最后一小部分，是钱先生认定无须再看的；而在二、三稿的编撰期间，他对栾先生的耳提面命言犹在耳，如何置若罔闻？而试图以第一稿排斥后两稿，窃以为相当于抽刀断水。成就此书，如同酿酒，而非砌墙，哪里见得出壁垒分明？我认为，两人的协作是化学合成，使用违背钱先生意愿的物理方法是区分不开的。尤其是，对栾先生的付出，不赞扬也就罢了，怎么反而贬低？

至于什么体例不对、什么增补过多，这类非难不是少见多怪，就是态度不够端正。轻率的批评怎能服人？我对栾先生说，它们使我想起"一蚊便搅人终夕，宵小由来不在多"的句子（《谈艺录·八三》）。栾先生反而笑道：何必当真！他只是平静对待，不加声辩，更无反驳，只把钱先生关于此书的大量信件、便条，以及成柜子的原稿收藏妥当，以俟来日（显然吸取了先前《管锥编》原稿不翼而飞，以致再版修订大费周折的教训）。我问往下怎么办，栾先生只是说：听钱先生的话。

听钱先生的话，就是坚定不移地推进"中国古典数字工程"了。这当然属于功在当代利在千秋的事情。只是一路走来，已经遭逢了多少坎坷？还要面对多少困难？从社科院计算机室成立又解散，栾先生、田奕组建公司，到艰苦开拓又受制于经费，到持续不断地奉献成果又没完没了地承受非议，需要多么大的韧性！这种精神力量何来？

钱先生说他只想做事情，说时间就是他的生命。栾先生当然是同道。我曾思索他们的人格，感到他们志向高远而极度务实，憎爱分明而不惮隐忍，一身正气而蔼然可亲，埋首向学而心无旁骛。他们两位，体现了中国士人最可宝贵的品性。"狂者进取，狷者有所不为也。"（《论语·子路》）他们要做的，是开拓万古之心胸的大事业，哪里肯下乔木而入幽谷，与种种无端搅扰、一干闲杂人等稍作纠缠！风雨也好，云雾也罢，一旦消散，唯见巍巍高山。

栾先生刚正洒脱，诚为性情中人。这里讲两件小事。一件是，一年夏天，栾先生和田奕他们公司全员出游东北，我便充任陪同。从长白山天池到通化的植物园，年轻人一路欢声笑语，只在进靖宇陵园时安静下来。陵园苍松翠柏，安葬着抗日英雄杨靖宇。谒陵后出门，栾先生问我什么感想，我说这才是爷们儿。栾先生道：说得好！咱俩在这照张相吧。——那是他仅有的一次提出合影。

另一件是，去年栾先生打电话问：张藜、秦咏诚二位，好像都是你们那边的人，不知现状怎样？我告知两人均已过世，栾先生不禁唏嘘。原来他是听到歌曲《我和我的祖国》，引起共鸣而有心结识词曲作者——倘若两人健在，当会将栾先生引为知音。

2005 年在吉林通化靖宇陵园

几为芳菲眠细草，曾因雨雪上高楼。前面说过，我特别喜欢跟栾先生闲聊。有几年常在北京，得空晚上就跑到他们公司，临近地铁末班车时间才告辞。近些年进京少了，通电话也多半会成为煲电话粥。这么做，固然不乏乘便让他歇一歇的成分，更多的还是深以为享受。先生广泛的话题，真切的回忆，鞭辟入里的见解，无拘无束的话语，乃至极富感染力的大笑……实在难得。与这样的人相处，你很容易产生高山仰止又如沐春风的感受。

我退休得早，栾先生曾问我愿不愿到公司一起干。我自忖知青出身，古文功底是短板；又总想专攻英汉笔译，就实话实说。栾先生当然理解，便改为有针对性的提携。他毫无保留地拿出一个做了多年的重大课题让我加入：整理钱先生在英文版《毛选》中的词语译法。他还指点我，将钱先生的英文论著汉译。只是我至今未取得像样的成绩，辜负了先生的厚爱。

得知栾先生去世，我心烦意乱，睡眠很差。我觉得，栾先生不仅是成就斐然的学者，更是位非同寻常的豪杰，犹如从《史记》中走出的人物，是今之古人，是我们这个民族的精英。能接触这样的人是我此生的幸运。我泪腺欠发达，想到伤心处也只是胸中壅塞，无从消解。直到一天下半夜，半睡半醒，迷蒙中但觉环堵萧然，又似清辉映射。"落月满屋梁，犹疑照颜色。"先生的形象浮现于眼前，亲切得很。他坐在山坡上，微笑着眺望，远方是白云丽日，长空大海。

我看得入神，眼中竟涌出泪水，心情却逐渐平复。想起有种说法，将人生比作河流，激流受制于河岸，总得克服障碍，经历曲折，然而一旦入海便化为永恒。那么，坦坦荡荡的栾先生已经进入永生。而他所献身的事业仍会奔流不息，因为那是注入中华文化沧海的一条清江。

2023 年 1 月 8 日，先生三七

"至仁至义"

——缅怀栾贵明先生

蔡田明

　　若不是最后也是他最有情趣的生活照：头戴皇冠生日帽，坐在会议室的长桌前，双手抱紧不安而伸出小手的朋友孩子，老少都笑脸看着"生日快乐"的大蛋糕。这是他最后一个生日。中秋节过后不久，栾贵明先生进入医院抢救，仅七日便离开了我们。享年八十二岁。也许就是天意，仿佛有个生死约，他未能同生却与一生陪伴的钱师逝于同月同日。

　　他曾说钱锺书是所有人中对他影响最深的人生导师，栾先生自从到文学所后就几乎没有离开过钱师。前期陪伴钱师直到送终，后期继续钱师嘱托，用计算机整理中国古籍，同时捍卫钱师，推广钱学。

　　他是钱锺书的朋友、弟子、助手、秘书、战友、卫士，更是自愿工作者。几十年如一日，为钱师做事，无论巨细，任劳任怨。两人默契相交，彼此信任，无话不说，情深处难为外人所详知。除文献古籍如同一根红线系因缘外，更有长期生活考验的灵犀相通。他记住钱师对其说过的话，"人之相知，贵相知心"。

钱锺书身边从不会缺人，况且他需要时总会有人帮助，而栾先生要不是与他同在古代室，尤其内心若没有无比的敬仰和真诚的爱戴，甘愿奉献，也就不会伴随钱师身影不离。天选之人有天缘，两人走到最后，谁能说他俩不是忘年交的老少铁哥们儿呢。

栾贵明先生是钱锺书的人，也是钱家人。这是个不争事实，文学所老前辈朱寨用"所有纪念文章关于钱先生所谈的好话加起来，也赶不上您为钱先生所做的好事"的文字给予栾先生概括肯定。无法设想，钱家没有他这个身边人，随叫随到，他们两位老人晚年又会是怎样一种生活。若钱锺书一生可说"惜时如命"，栾先生所给予的便利，不夸张地说是增加了钱师读书写作的生命时间。

友谊友情是需要付出代价的。栾先生虽"厚道实在"，办事快，干起事来"锲而不舍"，然而，并不总是不会惹钱家人生气。有时遇到平常家里事，外人看来难处的尴尬场面，他出建议，搞平衡，接受委屈，成全彼此。所以长期赢得钱家人尤其钱师的信任，除他本是个率性直言和敢作敢为的性情中人，与钱师"侠肝义胆"情投意合外，还因为他从不"犯禁"，替先生严守防范，"文不得写，话不得说"，且能做到无事不生事、有事不怕事。

栾先生有过一段"大起大落"的经历，更显爱护钱师的赤诚之心。自 1984 年起，钱锺书提出用计算机处理中国古籍的设想，栾先生此时也用十年时间完成钱师交代其对《永乐大典》整理的工作，于是立即着手，自学电脑，组建团队，克服困难，终不负厚望，推出计算机整理古籍系列书。"中国古典文献的计算机处理技术"

（1990）获"国家科技进步奖"。他本人被晋升为研究员，尤其荣任新组建的中国社会科学院计算机室主任。一时目光所及皆是仰慕赞誉。毋庸置疑，钱锺书不仅为他站台，鼓励支持，还为他出谋划策，制订方案。

然而，福兮祸兮。栾先生很快卷入一场是非。栾先生赤胆忠心，宁可牺牲自己也要保护支持过他的钱锺书。此时卧床不起的钱锺书，虽知其蒙冤却爱莫能助，终还是听到好的结果，潸然流下热泪。

他事钱师，犹事父。有人问他是钱师的弟子还是秘书，栾贵明先生笑道："是，又都不是。杨绛先生常对钱先生和我说：'你们是朋友'，我却又不敢当。"朋友知己胜过夫妻。不夸张地说，栾先生在某些方面更懂钱锺书。钱锺书一向重品德人格在先，常说"有贵明帮我"，以"子路"称他，赞他"工同指臂，亲如肺腑"，更评价他"至仁至义"。栾先生不负钱师厚望，正大光明，如同有位非常熟悉他的人说贵明是"彻头彻尾的好人"。

栾贵明受钱家人欢迎，心直口快，古道热肠，也许更多是受钱师的默许纵容，也得到钱家人的姑息祖护。这一切因钱师离世而自会淡出。病中钱锺书已嘱咐贵明，处理完他"跟大伙麻袋走"，便不要再管"钱家事"了。栾先生自觉听从，把全部精力投入到钱师生前嘱托的未尽之业中。

迫于人们的关切或维护钱师的尊严，仅是在钱师自设"缓刑到人死以后"，过了"期限之内的约定"，栾贵明先生才开始接受有限的采访，公开写文说话，目的无不是捍卫钱师，澄清无稽之谈的臆说，引导人们关切被忽略的应重视的钱学问题，尤其提醒重视"作家的学者"这一钱先生自己认可定位的视角。他为此写《小说逸语——钱锺书〈围城〉九段》，广受好评，已成经典。后人要完全不参考其围城路径而能登堂入室或鞭辟入里，已几无可能。他从不讳言所做一切，秉承先志，一切来源于或归功于钱先生。他代言钱师所想世人未读懂其作品的"苦趣"，一切"殊出意料"，只因无人摸透其"开拓万古之心胸"，明白其"良苦用心"，"哀痛焦灼之情"。他要替先生赞勇武者勇武，还清白者清白。

栾先生为人光明磊落，好打抱不平。有时不无偏激，言语犀利，无不出于正义感太强。知根起底，判断是非，难免不冒犯利益相关人。有人以"食钱言"谋私利攻击他；有人以资格学历水平评判他；有人说他"造假"毁钱锺书；有人挑剔《宋诗纪事补正》问题归咎于他，栾先生面对流言恶语，实话实说，敢言"补正"无一字不出自钱手，一切为钱师而绝不为个人名利，尤其从不以"钱"谋图钱。

也许正是亲钱师之心诚、敬钱师之美德、护钱师之气壮，他也成为嫉恨者攻击的目标。惹火烧身，难免连带钱锺书及钱家人。知心的友人，常会好意劝他什么也不要说，息事宁人。

栾先生自有责任心。秉性耿直，他容不得任何人对钱师泼脏水，无情嘲讽那些或褒或贬钱杨一类人的表里不一或自以为是，敢斥他们全然不懂钱锺书。如同关公手持青龙偃月刀，他为钱师挺身而出，不顾一切，大有舍身忘己的气概。

栾先生素有"工作狂"之称。晚年本有好条件到国外安享生活，他却选择全力以赴做钱事，义不容辞，可谓煎熬自己，鞠躬尽瘁。这些年他不仅一直坚持做钱师托付的"中国古典数字工程"，还时时推动和促进钱锺书研究。纪念文集《一寸千思》《风雨默存》都是他与团队努力的结果，留下"钱师的身影"。他始终不忘建立一个永久的钱锺书纪念馆，为此收集各类钱学主题资料包括书信、笔墨、手稿，并写成《大书出世》。他已尽其所能，余下是我们如何从追忆怀念中汲取精神力量，完成他爱钱师的毕生愿望。

十多年前，我在澳洲开始与栾先生重新联系。从不太了解他晚年的经历到深受其精神感染，激励人生。有两次包括一次两日小住，到北京扫叶园拜访先生。我感受他热情好客，待人如待己，视我为己出，而我也自然地和他成了忘年交。栾师还介绍我与早年到悉尼的文学所里老前辈许德政先生相识。虽居住地各不同，我分享他们的生活工作经历经验，以及他们与钱锺书在一起岁月的美好回忆。

我因爱好学习研究英国文学家约翰生。除约翰生作品外，还译介鲍斯威尔所著不朽传记《约翰生传》。读书中，不仅随时确认钱锺书是"中国的约翰生"，还想到钱锺书的左膀右臂栾贵明。要说鲍斯威尔和栾贵明这两位热爱大师的崇拜者有所不同，一个是记言，另一个是办事。看着西方崇拜约翰生的文化自信从未中止，而却见我们开始远离钱锺书，甚至无知傲慢对待这位学贯中西的旷世"文学英雄"。况且文坛有太多捕风捉影的"钱说"，不怀善意的解语，任意猜测的臆想，纠缠搅局的吵闹，太需要有在钱锺书身边办事的栾贵明说出些实情真相，释难解惑。当然，栾先生有些"代言"得罪不少人。无论如何，聆听方可理解，明白才可判断。我自遗憾早年读钱书沉醉于文本自得其乐而未多与栾先生交流，尽管记得他曾经尽力为我出书联系跑过出版。我有理由鼓动栾先生应尽早把事写出来，为钱学研究提供他所知钱师言谈举止，多多益善。事实上，他所说内情实景，哪怕如蜻蜓点水般的一个暗示，也抵得上那些挖空心思、无端褒贬的空泛之言。我发表《钱锺书与约翰生》论文前，不仅得到栾师指教，还受到他包容，说有些看法他不认可。这也让我知道，栾先生有疾恶如仇的底线态度，绝不是不让人讨论研究钱锺书，而是不容忍无端恶意的攻击。

平时我多用电话微信问候。有时我问他答，他说我听；有时见奇文轶事，我愚钝不知请他明示，刨根难到底。栾师以"你懂"回应，害我更摸不着头脑。虽读他"夫唱妇随"文字几遍，仍不懂个中微言大义。他谈话作文颇有钱氏委婉幽默风味，无疑是随钱师耳濡目染的潜移默化的修炼。栾师对我说过，他有时听到风言风语，就会问钱师有无这回事，得到的只是"你自己判断"或"笑而不答"。我拿书确认，影印本《宋诗纪事》眉批里有不少出自栾师之手。他说这是边听钱师说而随手写下的。面对这些已难分彼此的钱氏字迹，我曾开玩笑说他掉进了钱墨缸。常在河边站，哪有不湿鞋。从另一方面说，他绝不"湿鞋"，虽有各种机会，任何借口，却从不背着钱家人拿走随便什么"钱"值字信书画，警戒保姆问他钱家书画价的不良行为。他托管两大铁箱名人来往书信物品长达两年，杨先生取回后认定他"从未打开"，可谓完璧归赵。

有时候，我真随便，随心所欲，并没有把他许多话当真，说笑打发过去。说来也是事后明白，栾师再也不能起死回生，即便我有机会修身得体，已无法洗耳恭听了。要怪自己过于自由无拘无束而忘了起码的尊师重教的礼数。有一次，转来朱寨给他的书信，里面提到蔡田明。他一直说我怎么人鬼不知，提起来完全没有此人在文学所存在过的记忆。从信里他推断出我是不受重用才出走的。我解释主动请缨纯属个人私利动机，无其他任何因素干扰。他自然听不进去。有几次严肃地说事，要干马上搭架子，哪怕挂个名，我难为所动，惹他有些真生气。见我底气不足，他却鼓励有加，勉人向上。明知情势道途不顺，遇有机会总想促成钱学中心。我不仅时时感受栾师的炽热心肠，还处处分享他为之努力后带来各种即时消息。他从未哀叹"人类希望的幻灭"。

确实，这些年我从与栾先生的谈话中补了不少"钱学"课。除重视"作家学者"外，还应提到"流转"。他所陈述钱锺书提出古人言语借他书"流转"而非直接"流传"这个观念，可谓发前人之所未发，实在对古籍汇集保存有指导作用，对研究鉴别有重要意义。经他接手终为钱先生完成出版的《宋诗纪事补正》，不啻与《管锥编》有同等价值的文化意蕴。栾师说，他早年就在钱师指导下通读罗尔纲的《太平天国资料汇编》，眼见钱师累月经年做"补正"，恰当处理史料与观念和流转诸多问题，实为古籍文献整理直接提供示范作用，并催生用电脑技术开展中国古典数据工程的宏图伟业。

学术有渊源。钱锺书所著《谈艺录》《宋诗选注》和《管锥编》，除博览群书、精思熟虑外，深究起来还离不开其早年就开始《宋诗纪事》扫叶"补正"的用功，并打下坚实的基础。钱锺书为捍卫文学的纯粹，理论上（名）并不提倡"因人（事）论文"的批评观念，可运思中（实）却十分重视，从不缺课。"补正"谁能说不是他要"知人论文"的以身作则并带头践行呢。这位处处"说圆"两面且自嘲自讽的君子，哪一个是人们更喜爱的钱锺书呢？我提出某些"钱学困惑"，在知钱锺书之心的栾先生面前都不算难事。这更让我觉得他没有理由不动笔写出来，为后学"传道授业解惑"。

当然，他更期待我能写，他愿意说。他说过，有些事死也不能说。本应早动笔，却拖到近两三年，我才开始以随意"问—答"方式，记下整理听栾师所说所做的钱事。要质疑记忆，核实信息，对任何老人都是一种折磨不敬的烦恼，他却有耐心能开导，不厌烦我一而再再而三的追究底细，并说有些证据等时机适合才能公开。这应是我与他交流互动的一份作业。待有些草稿要过目确认时，可惜栾师因眼疾未能全看。现在人已不在，天仍在看，我陷入他生前面临的同样困境，他说的算不算或算谁的。无论如何，我负有责任，完成他的愿望，告慰栾先生在天之灵（书稿《钱锺书后半生——听栾贵明说做钱事》）。

栾先生蔼然可亲，人缘好，乐于助人。同时，他讲道德有原则，爱憎分明，"非其友不友"（《孟子》）。接近他的人，不分老少都能感受他的开朗热情和德惠恩泽。尤其为年轻学员，他无私心杂念，不仅创造提供就业学习机会，而且手把手培养他们成为参与文化建设的有用人才。为人师表，可谓桃李满天下。我常庆幸并羡慕他晚年有学生有年轻人在身边如"娇儿不离膝"，几同天伦之乐。仅是这场大病前几月，感觉他似乎情绪躁动，急于要离开所住泰山饭店，我不理解还力劝他走也应寒冬腊月过后。你怎么同他们一样。我没听进去，心想老年人脾气难免固执。

现在最后要说我听进他话里有话的一个例子。确认日期，我便托广州家人送蛋糕贺栾师八十之后大寿。他虽笑纳却说生日从未过对。生日分明写在个人档案袋里有何不对？想想看吧。我们的谈话常被他这将一军而中止。可不是有错，中秋节作为出生日与新历日不全等同一日。这类文字游戏，古今不同，繁简异趣，避讳顾忌，张冠李戴，都是人间事，需要古籍文献整理者区分甄别。栾师常告诫学生，中西历转换易生错误。靠着他，训练一批有志于为"国学新发现"（同名书）而"拾穗靡遗""扫叶都净"的年轻学子；难为他，与年轻团队要天天处理这类所以然且想当然的诸多勘误问题；多有他，学生们折服其才学识而乐意屈膝其下，努力完成钱先生"开拓万古之心胸"的传薪事业。栾师虽不在，薪尽仍火传。

再次注目着诚恳待人、热爱孩子的栾先生，想到我这次虽记住问候他中秋节过生日，却也不无惋惜，再也聆听不到他那爽朗快活的笑声了。值得欣慰的是，他和钱师"天堂里的笑声"却长留人世间而永不消逝。

2023 年 4 月 23 日星期日，改订于 5 月 22 日

附　录

扫叶园

北京园林名胜之多，数不胜数。我这次特意去了一家。

这家园林虽在房山，过去是北京西部远郊，现在却是北京城日益扩展的一部分。城郊不分，北京地平线在延伸。从广州高铁南站，到北京西站，仅需八小时。高铁便捷就是衡量中国发展速度的一把尺。

不出北京西站再转房山线到长阳站下，很快就能找到这家园林。此京西郊附近有为人熟知的"加州水郡"别墅楼群。三层楼高之洋房，外加各户自设各类中式门牌坊，中西雅俗混为一体。据说水郡

楼房已卖到上千万。虽如此，我以为，值钱之地还应是这里一家不起眼的园林。

通向北京农业职业学院大道上，两旁树木林立。路道右旁，有一排排砖墙围起的平房建筑。其中就有扫叶园。往小道走下，有小门。这本是后门，正门在另一处平行道上。虽没有园牌，倒是路边有个广告牌"急请临时校对"，提醒路过农学院的大学生们找工方向，也广告了园林存在的部分作用。

园林面积八亩，共五千三百多平方米。其状如中文倒放的"目"字地方，盖出"日"字形状房间。余下半个"口"字，尽是大片玫瑰花园和小片菜园，尽墙角，有几个房间在装修，为来访客人留宿用，有露天停车场。

通常人们都在那个"日"字形各类房间里出入活动，办公室、会客室、宿舍、仓库、厨房、餐厅、浴室、厕所都齐全。这"日"字里空白处，布满园林，有各类花果树林。有苹果、柿子、山楂、枣树、玫瑰、竹林，还有叫不上名的草木。

时值秋末，山楂树尽是红果挂枝，枣树吊枣，柿子树也垂下青果。树叶绿黄参半，未到落叶大扫除时，满园依旧翠色果香。人们从这些林木小道穿行到各处内室，不见扫叶而园林有天然之雅净，"莺流深树久俳徊"。

扫叶园与园林有关又无关。园林主人、员工需要美的环境去工作生活，而他们做的却是另一类惊天动地的伟业，打扫清理中华文化古籍。此地园林地址仅有八年，而扫园工作已进行了整三十年。现在枝繁叶茂，硕果累累。

最早《论语数据库》《全唐诗索引》《十三经索引》，早已引起关注，广为使用。近些年又陆续推出《老子集》《列子集》《孙子集》《庄子集》《鬼谷子集》《李淳风集》。这些"集"虽前人早有，但其收录字数却超出任何集子，如有术道家祖之誉的李淳风在《全唐文》里仅有四千字，现在编成洋洋百万字的文集；又如家喻户晓的《老子》五千言，在"扫叶丛书"里成了一本六万言著作。

何以能做到？人力加电脑。首先建立起完善齐全的"中国古典数字工程"，把历代重要中华古籍书汇总，一个字一个字输入电脑，建立总数高达几十亿字数据库，然后按"人物、时间、地点、事件"四大主库（主题）来处理相关集子。

编个人文集时，凡前人引用过庄子、李淳风言语都经电脑程序自动检索，归类到以个人名下集子里，言从主人。这"汇总"虽杂陈，就好比今人有人只说话不出书，却被人引用出版在书里，可流传"话"终归还是要属说话人所专有，一一拾遗补辑，言归名主。

老子诸子之言语在同时代和后代如何被"流转"走样翻新，一一附在原正本文之下，庶足息讼。这样编辑，实在有益于今人看全面而作分析下判断。一位老子专家要穷一世，未必弄清这所有文字渊源流转关系，而不懂这来龙去脉又何能以老子专家传道授业。

有人叹，据此看来，过去所谓专家实在眼界太狭小了。正在进行的"万人集"，正是由此而把各个古籍角落叶片扫进个人主名的集子里去。鱼目混珠处，真相白而主名定，当然还需要电脑不能代替之人脑来厘清。

扫叶园巨大工程已出成果，说起来仅是个开始。园主们正为"四库"（人名库、日历库、地名库和作品库）全书努力。届时要检索清代以往历朝历代任何一个人名、地名、图画书法、日历，易如反掌，点击到手。

无书不错。做事难免不有争议，他们扫出个《中华史表》(新世界出版社 2014 年出版)，对公元前 4464 年到公元 1912 年作了个完整记录，华夏文化长达六千三百七十六年。年表把史书史料文献一一对应排列，让三五千年中华文明落实到六千年个位数。要批驳只能说无地下文物证明，要认证非起墓地人来辩解不可。如同其他扫叶丛书，其草创疏漏处，可待再版时益趋完善。

我到访时，十几个青年男女正在电脑桌前，日夜加班校对几千万字文稿。在允许万分之几错字下，正在对接一项任务，使扫叶公司的资金，从时有时无进入到暂时稳定的状态。队伍要扩大。任重道已不远。

这是怎样一个团队？好奇需要了解。在香港新出版的《国学新发现》论文汇编书里，人们能看到园林部分员工学历简历。十三人里最高学历研究生一人。不少无学历者，师从老师，边学边干，深入文字大海，练就断句本事，写出举证考订丰富文章。老师有基本要求，学生能背列子。此事熟能生巧。前后有近千人在这个园林数据库里工作过。来来去去，有人喜好而不能自拔，终成园林骨干。

园主们做事不居功，不掠美不专美，更把这一切都归于钱锺书先生引导设计的规划，感激他的帮助支持和推动。愈深入，他们愈感觉钱先生高瞻远瞩，早已引领他们去克服眼前现实未来难关，找到处理难题的先进便捷有效方式。

钱先生不懂电脑，怎么指导他们？莫非园主不过是借师名为己用？追问总有结果。确实，钱先生不会用电脑，甚至早年考数学不及格。然而，他们拿出无数具体实例足以表明，"能帮助人的电脑需要人的更多帮助"。钱先生就是这样一个在思路上能帮助电脑的人。

早在1984年，其女儿在英国留学，先生就把所了解国外电脑处理书籍的技术，看作是可以借鉴之工具，鼓励栾贵明先生学电脑，用此钥匙打开中国古籍大门。与先生在一起，三十几年如一日，在先生指导下，用手工卡片原始方式完成《永乐大典索引》、协助先生出版《宋诗纪事补正》，之后根据先生旨意投入建立电脑数据库工作。

漫漫昼夜，步履艰辛，人事纠纷，无怨无悔。多少实验，几多编码，大小程序，一一尝试。栾贵明与田奕一起组建公司，终于摸索出一套应对古籍处理的有效方案，终与钱锺书事先想过的那些锦囊妙计一一应验。电脑成果一经出来，钱先生立即称赞："作为一个对《全唐诗》有兴趣的人，我经常感到巡检词句的困难，对于这个成果提供的绝大便利，更有由衷的欣悦。"

钱先生如英国文学家约翰生那样，博览群书，过目不忘。《管锥编》洋洋洒洒中西六七种语言引文，骈文例句，举隅可反，让不读其书者想当然者，以为是"散钱未串"，全无思想，更有人以电脑比钱书不值钱或取而能代之。殊不知，即便现在是有了容易检索的"全唐诗索引"，可这些索引何以能取代《管锥编》里那些功夫文字，既追溯其源头又赏析其高下，处处柳暗花明又一村，给人魅力无穷的联想深思。显而易见，电脑仅是方便检索文化典籍工具，要判断优劣还需人脑。

扫叶园为古籍文化检索阅读开辟新路径。浩如烟海的中国文字书籍，经过"扫叶"尤其把"流转"出去言文又全收归著作人名下汇编，既可呈现出其源远流长，又无妨精粗并存，完整性实为进一步分析判断提供方便。面对这些文化古籍的原始资料，后人何能不起敬畏之心，择其精髓而发扬光大呢。退一步说，若借名能推而广之，何不可喜，先生又何怨子路，文人又何必小心眼，看轻这些人工电脑合成之辉煌灿烂的"扫叶丛书"呢。

扫叶园之名字，可以从"扫叶丛书"里一段"题辞"见其来源深意。这段话出自钱先生《管锥编》："拾穗靡遗，扫叶都净，网罗理董，俾求全征献，名实相符，犹有待于不耻支离事业之学士焉。"扫尽古书文化散落之叶片，而堆集成我们博大精深文化之大山，正是这些员工日夜辛苦劳作的工作，让人感佩他们"不耻支离事业"的奉献精神，欣赏其园林"繁枝忽竞芳"，"勿令蓬荜有遗才"。

来到扫叶园，就是进入了一个没有时间地界却容下自古以来国学古籍的文化大观园。尽兴而来，不会扫兴而归。我背着他们出版的那几部沉重书籍离去。有空还要再来扫叶园。

谁是钱锺书先生的学生
——忆栾贵明先生的尊师重道

李英健

1997 年冬季，经友人介绍，我与一位同事在公主坟一套民居中，第一次见到栾贵明先生和他的学生，也是扫叶公司的共同开创者田奕女士。栾先生坦率地作了自我介绍后，又淡然地用了较长时间说明了与钱锺书先生的渊源。然后真诚地说：钱锺书先生是我的老师，但我不是钱先生的学生，因为我没有资格做钱先生的学生。接着详细介绍了"中国古典数字工程"的由来和时下的进展。特别是详细描述手中即将完工的《宋诗纪事补正》一书。第一次见面后，令我印象最深的是一个与钱先生相识相交三十多年的人，下干校时曾经与钱先生朝夕相处的人，一个曾为了钱先生写作《管锥编》提供图书资料而甘心情愿去做文学所图书馆管理员的人，竟然说不是钱先生的学生，真是令人吃惊！须知，当时钱先生已经名满天下，被誉为"文化昆仑"。随着《管锥编》出版、《谈艺录》《宋诗选注》修订再版，已令钱先生傲视学林；《围城》小说出版和同名电视剧的热播，更使钱锺书的名字妇孺皆知；喜欢中国文化的外国朋友，到北京一是要看长城，另一个是要看钱锺书先生；尽管钱先生一再反对和阻止，钱学在当时已经是显学。在我们眼中，钱先生更是泰山北斗式的人物。许多学界中的学者都以与钱先生相识为荣，更有人是千方百计地去攀附钱先生。而与钱先生在文学所走得最近的人，却不肯公开承认是钱先生的学生。

我们与栾先生的合作始于《宋诗纪事补正》。我首先看到的是，钱先生关于《宋诗纪事补正》的几十封信函和批条。栾先生拿着这些信札，反复向我们解释钱先生的意思，他又是如何按照钱先生的意见，反复修改，并将钱先生的确切意见逐一一字不差誊录到正文中。可以说《宋诗纪事补正》成稿的每一步，都是在钱先生指导下进行的。正如杨绛先生在《宋诗纪事补正》序中所说："1982 年，钱锺书把这部批满'补正'的《宋诗纪事》交给栾君贵明，说：'这件事交给你去做吧。'他年老多病，懒得'整缀董理'，借重栾君之力，把'补正'抄在稿纸上，并核对'补正'所引据的原书。"这是钱先生与栾先生合作的缘起。"栾君觅得一部乾隆十一年厉鹗序杭州田氏木刻本《宋诗纪事》，把书拆开，一页页贴在大张稿纸上。他找到'补正'所据的原书，一一核对，然后把'补正'录在稿纸上。"这是栾先生协助钱先生所做的第一道工作。"锺书很欣赏他的'手工'，但誊录如有错误，就请他重新核对，栾君对钱先生的记忆心悦诚服，一抄再抄，于 1983 年 8 月誊清了锺书写在原书上的全部'补正'。"这是栾先生协助钱先生做的第二道工作。"锺书闲暇时，一天审阅一卷（全集共一百卷），1983 年年底校阅完毕。锺书校完第一稿，觉得还有遗漏，又一再添补。他引用某书某文，往往添写首尾几字，中间用省略号'……'，栾君须把全文补上。增添的文字不止一行半行，不能填写在字里行间，得另纸誊录，然后将原稿裁开，把增添的稿纸贴在上下之间。这就大大增加了篇幅，这第二稿是1984年完成的。"这是栾先生协助钱先生做的第三道工作。"八十年代后期，锺书看到电子计算机对文献工作的功用，嘱栾君用电脑再查核某书、某书。"这是栾先生协助钱先生做的第四道工作。"计算机所查获的资料，果然比人力更为详尽。但计算机只能罗列事物，不能判别真伪、选择精要。锺书嘱栾君把计算机所提供的资料，连同原书一并搬来，对照研究。指点如何判断、选择；如有不能定夺的疑难处，就把不同的资料全部录下，供后人抉择。于是栾君录并贴成更详尽的第三稿。"这是栾先生协助钱先生做的第五道工作。"锺书再又校阅了前六十九卷，并查看了他选出的另几卷，对栾君说：'行了，不用我再看了。你自己再仔细核对，不要有重见复出。'锺书就这样结束了他的《宋诗纪事补正》工作。"这是栾先生协助钱先生做的第六道工作。从杨先生的序，可以看到栾先生对自己老师发自内心的尊崇和巨大的付出。对于钱先生和栾先生共同合作的《宋诗纪事补正》一书，我也看到，钱先生亲笔写便条邀栾先生共同署名，但被栾先生婉拒。书稿编辑过程中，杨绛先生提出要请王水照先生、林东海先生再看一遍，栾先生同我们一起都照办了。从钱先生邀请栾先生的合作中可以看到，钱先生对栾先生的信任和倚重，栾先生对老师的尊重与服从。当然，在钱先生的耳提面命之下，栾先生也学习到许多古籍整理和文学研究的知识和方法。《宋诗纪事补正》出版时，钱先生已经不在了。面对一些闲言乱语，甚至是奇谈怪论，栾先生只能是一笑了之，默默承受了许多委屈。

因书结缘，随后与栾先生有了二十五年的交往。在与栾先生的交往中，谈论最多的是"中国古典数字工程"。我们既从中领略了钱先生按人物、作品、时间、地点设计的古籍分类智慧和累累硕果；又亲眼看到栾先生、田奕女士率领扫叶公司从事这一学术工作的艰辛。这种需要长期大量资金投入的学术工程，由一家民营公司来经营，所遇到的困难几乎是难以想象的。近四十年来，数易投资方，数次搬家，数次面临倒闭的风险。公司规模曾由百余人缩小到几个人，再扩大到上百人，起起伏伏，波澜不断。但是，"中国古典数字工程"的事业，却一天也没停止过。最困难时，现金流断了，连仅余几位员工都开不出工资，交不上房租水电费。无奈，栾先生和田奕女士掏自己腰包来维持公司生存。危难之际，栾先生曾冒着酷暑和我一起去找合作方。我曾劝过栾先生，这应当是国家投资的学术工程，你们民营公司来干太难了。栾先生表示，这是钱先生开创的并亲手交给我的事业，再难也要挺着。栾先生工作在公司，吃住在公司，节假日都在公司度过。与公司同进同退，生死与共，心无旁骛，把后半生全部献给了"中国古典数字工程"。值得欣慰的是，经过几十年辛勤努力，"中国古典数字工程"已初具规模。栾先生与田奕女士，按钱先生的思路共同开发出的技术软件获国家科技进步三等奖；已经形成了"人名库""地名库""日历库""作品库"近二十亿字的古籍数据库。该库不仅解决了古籍查询和总体性整理，重要的是首创用电脑辑佚古籍的先河。使诞生于西汉完全靠人工的"辑佚学"，进入了人脑与高科技电脑相结合的"辑佚学"。出版的纸版衍生产品《宋诗纪事补正》《永乐大典本水经注》《中华史表》《万人大集》，已经展示了"中国古典数字工程"强大的辑佚功能。其中补遗类的《子曰》

《老子集》《庄子集》《孙子集》，展示了古籍的新面貌，给研究者提供了极大的方便。辑佚的新古籍《乐经集》，填补了毁于秦火"六经"之一《乐经》的空白。在扫叶公司发展近四十年的历程中，还培养了近万名古籍整理的人才，现已在全国各地开枝散叶，成为用人脑和电脑相结合整理古籍的生力军。对于"中国古典数字工程"来说，栾先生可以说是居功至伟，但栾先生只是淡淡地说：一定要做好钱先生交办的事。

每年我都要数次去扫叶公司拜访栾先生，在与栾先生交谈中，还有一个绕不开的话题就是关于钱先生。可以说栾先生是中国社科院文学所中与钱先生关系最近的人。中国社科院院长胡绳先生曾亲口对我说过，钱先生为了减少外界对他的干扰，他不亲自接电话，不提前预约去钱家，敲门也不开。但是通过栾贵明，可以随时找到钱先生。钱先生对于我来说更是谜一样的人物，很想通过栾先生了解一些关于钱先生为人为学之事。从与栾先生的交谈中得知"中国古典数字工程"不仅是钱先生亲自设计的，而且钱先生自掏腰包出资买了第一批计算机。还破例为设立计算机室打报告，申请经费和编制，并主动分管计算机室。在计算机室遇到困难和波折时给予各种形式的鼓励和支持。每次讲到这些事情时，栾先生对钱先生都是充满了尊敬、崇拜、感念。对钱先生的作品，栾先生也谈出了自己的理解。对钱先生的博大精深与幽默睿智，栾先生更是佩服得五体投地。栾先生也曾向我讲述过，"文革"时期与钱先生一起经历的种种苦难，身在残酷的政治运动中的钱先生从不参与政治批判，更没有去参与整人的内斗。还有在文学所工作期间钱先生承受的委屈和不快，隐忍和无奈。面对这些，钱先生又是如何表现出宠辱不惊，淡泊明志的。他还谈过钱先生对某些名人表面上看似赞扬的话，实际上却隐含着某些批评。更可笑的是，某些人拿钱先生隐含批评的话，去四处张扬，拉大旗做虎皮，闹出了许多笑话。真是当今的儒林外史，新笑林广记。这种聊天经常在笑声中结束。

栾先生手中曾存有钱先生大量的文稿、信件、照片、录音、衣帽、书案、文房四宝等遗物。他生前还不遗余力地筹办"钱锺书纪念馆"，收集钱先生散落在民间的文字，连一页代笔的审稿意见也视为珍宝，精心整理收藏。在栾先生的眼中钱先生是无所不知，无所不能，神一样存在的人物。在所有关于钱先生的事情上，他都是坚定不移地去维护钱先生，到了晚年时甚至不准任何人说钱先生一个不字。我们曾同栾先生开玩笑：钱先生就是您心中的红太阳。栾先生大笑而不答。

2022 年 12 月 19 日，栾先生在疫情中走了，与他的恩师钱先生同月同日告别了人世，冥冥中到天国继续去追随钱先生。

栾先生从 1964 年毕业于北大古典文献专业，分配到中国社科院文学所与钱先生相识起，就始终不渝地追随钱锺书先生，不离不弃，从没间断，无怨无悔，并继承了钱先生开创的"中国古典数字工程"事业。钱先生没有嫡传弟子，但我还记得杨绛先生曾亲自对我说过：栾贵明是钱锺书的学生，不是我的学生。

2023.5.26 英健初稿于沈水之阳

《子曰》放出氢弹

张建术

中国哲学早熟，早早就走完了西方基督教有神论的那一圈，或者说早早就把那一套玩儿腻了。玩儿到"西伯拘而演《周易》"以后，上帝隐退，宗教瓦解，理性登场，上演了一场广泛的思想运动——子学时代开启。这场思想运动中的胜出者，属于所提供的认识价值高且多的人物。过于诡异而去人较远者，后来人就不太爱去搭理，于是孔夫子的好处彰显出来，为多数时候的人们所喜闻乐见。

栾贵明先生推出的孔子别开生面。他计算机里的孔夫子已经不是高高在上的大成至圣之类，而是一位清楚地感知理解人间常性的明白人。他不倦地将他的感知理解讲给周围的人听，于是分散许多地方的记载，都证明孔子是一位通情达理的，知人间冷暖的，与我们"不隔"的性情中人。栾贵明先生勾勒给我们的是"此在"的孔先生，洗去浓重政论和说教油彩，脱掉烦琐解经和注释的长靴，还原出数量巨大而未登台面的话语，老夫子便鲜活融通而非偶像无体温。故而他领我们会见的孔夫子，就不是生面而是熟面了。妙就妙在以"述者"自称的作者本人，谢绝登台，有如不著一字，做到这些。幸好还有一篇序言，一篇跋语和几个附录，总算使读者称心，不会误读《子曰》的时代来历。我知这本《子曰》快十年了，好书自当早出，无奈庞大的出版界和孤独作者都不急。哪天还真可能被当成出土文物，卖出市场意外的好价钱。

偶像化、非人间化，是当今中外智者身后遭遇到的共同命运。好也罢歹也罢，就看你干什么用。用于统治术或者功名或者级辙，放在人间世界的范围里，也都是可以理解的，但吃亏的到底是那些生前至诚不息地探索追求的人。

读古人书做真学问，就是要剥离掉那些出于利用目的堆加于智者先贤的行头、冗赘、光环等等，还原其原生态，让他们双脚着地，来到我们活人中间，见见面，谈谈话，乃至于促膝谈心，甚至于竟夜倾谈而不知东方之既白。这是何等惬意的事，这才算得真读书。但事实并不如人意，《子曰》述者跋语有一节我们不可不关注的话：

> 《论语》可以说是一部集腋成裘，或称百川汇海的伟大著作，是人类原初历史上一大奇迹。二十多个世纪以来，对于孔夫子贬损者，不以为然者在老百姓当中属于少数。值得注意的倒是多数中的那些宣传鼓吹者。他们孔匾高悬，锣鼓齐鸣，名利深藏。他们更多集中在构筑汗牛充栋的注文，本已后浪推前浪迷雾重障，再加之作疏作解作笺，叠床架屋不一而足。可怜读者早已无法亲见被深葬的孔老夫子了。其实只要读者肯读《论语》正文，蛊咒一解，癖病自然全消。

如此这般的会心时刻，看得出在栾贵明先生与孔夫子之间，必定数度发生。这是令人羡慕的享受，韵味醇厚的酿造。心里夹杂着"功利"二字的人，这等享受是得不到，也不配得到。

那么《子曰》是本什么书呢？栾贵明先生在其《子曰》述者跋语里为我们揭示："第一要做好《论语》，这是1984年钱锺书先生给我的一个正式建议的内容"；"本书也只求如实将散见于诸多古籍中的孔子言谈初步结集……"他又告诉我们："《子曰》这本书，正文约十六万字，几乎是《论语》的八倍。"说白了是一本《论语》续集。这几乎是放一颗出版氢弹，放一个真正全面完整的孔子回人间。

这本《子曰》的爆炸力，不用说是来自于其新发现的规模和其真实性得其前无古人，又以某种颠覆的方式答疑解惑，正本清源，有理有据地解决了悬疑许多年的问题。比如像"天下为公。""始作俑者，其无后乎。""知我者，其惟春秋乎。罪我者，其惟春秋乎。""恶似而非者。""移风易俗。""不以诚立，虽立不久矣。""良药苦于口而利于病。"等等极其关键的话语，是什么典籍记载，在什么情况下，孔子怎样说出来的，《子曰》都给予了明确回答。我们再摘引两段栾公在《子曰》跋语里的论述——文字精彩，本人也不避偏好，多引几句，看看人家的研究如何完成的。

例一：

　　至于"唯女子与小人为难养也。近之则不孙，远之则怨"，由于现代人心存成见，情形较为复杂。我们知道孔子一贯尊重妇女，从本书搜罗到孔子有关

"母""妻""姑""姊""妹""舅姑""女子""女""妇"等数百条语句中，无一字能证明孔子歧视妇女。怎么也不可想象，一位聪明机智而冷静的哲学家、思想家、政治家，会以人群的一半，同时又以另一半人的恩人为敌罢。孔子无权无财，其修养德行无人可匹，更不会恶语伤害他人。本书丁编，收有《史记·孔子世家》有名的一件事。说齐国选"国中女子好者八十人，皆衣文衣而舞康乐"，"遗鲁君"，期望鲁定公"怠于政事"。此刻可爱可敬的子路断曰："夫子可以行矣。"但政治分歧而又顾全大局的孔子还是坚持"犹可以止"的主张。鲁定公重臣桓子竟代君"受齐女乐"而"三日不听政"。孔子憾然而叹"夫子则非罪"，之后遂行，并且唱出一首歌："彼妇之口，可以出走。彼妇之谒，可以死败。"离开了鲁国。恐无人会依此判定孔子性别歧视的罪名。再联系最早引用"女子与小人"一语的范晔，在《后汉书》中曾经指明，孔子那句话里所谓的"女子"，是"危主"的"乱妾"；所谓"小人"，是"惑君"的"邪臣"。又直书此语为"圣人之明戒也"。言语之对象和譬喻均为实指，孔子一贯不奢望"放诸四海而皆准"，这只是中国人习以为常的委婉规劝方式罢了。但这句话，显然被近百年来的妇女解放者，甚至孔子自己的族人误解，以致连"谱牒""宗庙"都不得入，至今还需平反云云。进一步的逻辑推理，甚至将自己和他人推上"乱妾"的立场，则为君子仁人所不愿。

例二：

《庄子·山木篇》中记有孔子语"人与天一邪"的问话，是绝不应舍弃的重要内容。编者联想起二十年前，筹建古典库刚刚起步，中国社会科学院副院长李慎之先生曾让我查出"天人合一"概念的最早出处，当时入库数据量少，技术上仅能做机械性查询（实际上中文技术至今没有大变化），检"天人"一语，虽能涉及"天与人"，但不能旁及辅词"人天"，故不能作答。我们现在不仅采用强行比对的初级方法，而且创建了更科学和实用的系统，轻巧准确地找到庄子转引孔子和颜回的对语，在"人与天一邪"下有云："有人，天也。有天，亦天也。人之不能有天，性也。"（见《庄子·山木》）一言顿悟，恍如昨日。文是而人非，令我怅惋不已。有了这一大堆资料，李先生大可含笑九泉。现代的哲学家也可以省去很多气力，不必论证"天人合一"那个阴阳错位的概念，正确的表达只能是"人天合一"。我们可以准确地告诉读者，"天人合一"一语，最早出现在典籍上可能是宋代，甚至就是元代领衔修《宋史》的脱脱在四百十六卷记拧宋人的话语，直传给了易经大师们，从而造成基础哲学理念的严重偏差。再联系到本书搜罗到的"子曰：天之与人犹父子。"（见《论衡》卷六）一语，老夫子的旧话真可以说把"人天"关系一语道尽了。

栾贵明先生对这项事业的期待是："有据的新编，也算得上是一项新实验。看看通过这种方式，能否让经典里的孔子，以朴实本色走出历史，进入今天的人群。"那么为什么管这本新《子曰》，叫做"新实验"呢？它因何而新呢？我们且听栾贵明先生的说明：

例三：

> 崭新的"中国古典数字工程"的基本建成，包括六千多年，五百二十万天，每天有十三项记录的"中国历史日历"；庞大的"中国历史地图"数据；含三十五万古代人物、近两万作者作品的基本库以及同步运行之文史工具库等。人物、时间、地点、事件，这四项内容几乎涵盖了整个历史文献。从而为数字化时代的大规模文献管理检索技术，全面提出新方案，实验成功新方法。孔子只是三十五万人中的一分子。该库目前已无技术困难，只待数据量增加，质量的全面提高。已进入实际应用阶段的古典文献库，充分展现了社会科学研究的前景。

稍微发挥一点想象力往下推吧，老、庄、管、晏、孟、荀、墨、杨等等，会不会都有续集出来，栾贵明先生只含蓄地说"孔子只是三十五万人中的一分子"，真不知这里暗指要有多少人被波及，有一就有十百千万，令人恐惧。整个中国古代文化研究，会不会翻出一个新局面来？这不正好应验了这项事业的早期倡导者、谋划者钱锺书先生的期望吗？钱先生的名言不是"自信开拓万古之心胸"吗？

这是不是一个革命性的创造呢？当然是。高效而高明的现代计算机技术手段，与矢志不渝、志存高远的人相结合，这场革命便真实地发生了。栾贵明先生在完成使命的同时，又创建了一支无职无名无利，但也同样百折不回的年轻团队。以田奕女士为领导的团队筚路蓝缕、披荆斩棘三十载，风雨兼程，可歌可叹，不简单、不容易。智慧的钱锺书先生的在天之灵当欣慰自语：托付对人了。

为读书界奉献《子曰》的栾贵明先生，是一位绝学鸿儒，加之多年亲炙钱锺书先生，耳提面命，得到真传。前不久国外汉学界在讨论国学争议"中庸"话题升温，最具代表性的是一位澳洲的学者蔡田明先生，在墨尔本华人周报《联合时报》（2011年9月8日）上四周连载的《谈中庸》一文，对栾先生发表在国内的《十三经索引序》中的"中庸"解释多番大加肯定，致使争论戛然而止。我们查阅原文，除去和引文相关文字，栾先生几乎自己未说一句话，争议近千年的孔子思想的核心——中庸，竟被破解。为这一人类思想文化和哲学概念，一语中的。下面我不避引文过多之嫌，也请读者再耐心读他谈大问题的一段小文字：

查许慎《说文》："中，和也。"（清代学者段玉裁注：许书原作"和也"当作"内也"。反证许氏原作"和也"。）《左传·定公元年传》："未尝不中吾志也"。《战国策·卷二》《史记·周本纪》所云"百发百中"。其"中"字，均用《说文》沿用至今的"和"即"合"义。再查许慎《说文》："庸，用也。"中庸别无它解。君子决策要符合客观，行动要准确才合用，即"中节""中时""按规律办事"之谓也。（《十三经索引序》见2004版，中国社科出版社）

由他来帮我们认识一个真实的孔子，不是比书尚未读够的孔学大师要可信可靠得多吗？

　　作为文化现象的孔子富有戏剧性，他在身后经历了被偶像化—妖魔化—再偶像化—再妖魔化—再……的九天九地的待遇。看似离奇，实则有实实在在的时代需要在作怪。做《中国传统思想总批判》的蔡尚思先生，当初尚墨反儒，据说后来又尚孔了，便是时代需要的力量起作用的例证。马克斯·韦伯说孔子是"和平主义者"，言外之意是他更适合太平时代。在不太平的时期，别的学说就出来一显身手。《列子·说符篇》是讲："天下理无常是，事无常非。先日所用，今或弃之；今之所弃，后或用之。此用与不用，无定是非也。"大可有助于我们理解孔子现象。

　　在此我想提示的是，在当今上上下下一片看好孔孟儒家之际，我们不要再重犯历史上的老毛病。还其本来面貌足矣，觉得什么地方好使，使一使足矣。不要搞偶像化，不要不长记性。现在栾贵明先生奉送给读书界的平易亲切的原本《子曰》，既有再还历史上的孔先生以本来面目，又有助于我们今人不再老病重犯，增智益行之功，亦自在其中了。

　　事情一直都是这样：只有在真实无妄的前提下，才谈得上认识世界，把握世界。

2023 年 3 月 23 日于北京

奇迹并没有发生

——哭栾贵明先生

孙　炜

小半年前的一个周日下午，即 2022 年 7 月 3 日。

午后，我撑起雨伞独自往楼下护城河边去散步。看小雨砸在水面，泛起一圈一圈涟漪，搅碎了杨柳岸边的一河幽静。就在这个时候，仿佛是一瞬间，心底炸起了惊雷，原因就是接到了栾贵明先生的一通电话。

电话那头，栾先生的大嗓门变得神秘兮兮。他说："孙大少，你必须起誓，必须保密，因为我们有许多共同的朋友，我不想让他们知道。"

拜识栾先生已经超过了三十年！三十多年前，我还算是一个风华正茂的小伙子，他就给我起了"孙大少"这么个绰号，无非是挤对我浑不讲理之意；三十年之后，我都即将退休，他还是这么叫我。

我不假思索，随口笑着应道："我起誓，我保密。"

栾先生用他那一口标准的老北京腔，字正腔圆，像在朗读通告，说:"我得了肾癌,病入膏肓,卧床难起。谁都不愿意再为我做手术了,所以只得彻底放弃西医,改用中医调养。现在呢,我下床,走一百米,须咬牙切齿。"

刚说完上面这一段,紧接着,他又转换了一种说话腔调,哈哈大笑起来,很是狂放地说道:"哈哈,年轻已是很遥远的事了。我如今已是耄耋老汉,八十二岁,油灯将尽喽,到了该羽化归去的时候。哈哈——"

这通独白,他像是在舞台上演戏一样,可惜我不敢鼓掌。

面对他射来的这一梭子子弹,打得我有点蒙,难以招架——一般来说,上了年纪的人,不大会拿自己的健康开玩笑,所以我当时判断,他说的绝对不是玩笑之言。

我只能静默。不知道一个人在告别这个纷繁的世界时,他会想些什么?他的情绪会不会崩塌?

他喘了一口气,开始深情表白,说:"三十五年来,我没有一天休息。为了钱(锺书)先生嘱咐的事,我能做的也做得差不多了。《大书出世》共六十章,已经完成。团结出版社拿去了我的一个集子,其中有篇《刀光剑影下的友谊》的文章,以后你一定要拿去看看,那是我比较满意的一篇……"

那个电话,大约说了有一个小时,主要是他在说。我们每次通话,皆如此。他是一个喜欢煲电话粥的老头。我调侃过他,说他是"麦霸"。

他显然说累了,这才轮到我开口。我说:"我马上,立即就去看您。"

"不能,无论如何不能!"他一下子又紧张起来,"你来,我要起身，但我不能；你来，我躺着，你看我不能起身，你会难过；你难过，我也难过。何必呢？"最后他给我吃了一颗糖丸，说，"再等一等吧，等我这一疗程过去，能下床了，你再来，也不迟。"

放下电话，我立即给田奕姐去了电话。栾先生与田奕固然是师生，但在扫叶公司里，两人宛如舵手和船长。四十年来，他俩为了践行钱锺书先生生前擘画的文化宏图，无论身在体制内外，一直并肩作战。

田奕回话，比栾先生描述他自己的病状更加严重。我无法安坐，但田奕还是坚持说："你来看栾先生，我没意见，但是，我建议你还是要考虑一下他的感受。"

当晚，我又致电栾先生。他固执依旧，坚持说只要自己还躺在床上，就不想见面。我忧愤着，却又别无选择。新冠疫情三年来，彻底改变了我们的这个世界，也彻底改变了我与栾先生的交往方式。

一个月后，栾先生终于同意我去看他，时间确定在 9 月 27 日下午。他说："有三位老友见面，谈点要事，你一起参加吧。"

这次见面，大慰我心。看上去，栾先生走路的姿势虽然比平常缓慢了一些，脸色也紫暗发灰，但说起话来，依然中气十足，洪亮如钟，而且，当我们爷俩抵足相坐，他的表情丰富，指手画脚，一点不比往常气短。

田奕坐在对桌，微笑着，偷偷用手机拍了我俩许多照片。

见此情形，我对栾先生的病情，说实话还是比较乐观的。一方面，我认为老年人新陈代谢的速度一般比较缓慢，病情的恶化也会相应缓慢下来；另一方面，栾先生有着无比强大的精神力量，在我认识的人堆里谁也比不了。

2022年9月27日下午，作者前往扫叶园探望栾贵明先生时的合影。（田奕 摄）

　　我听闻或亲见过他无比英勇的许多往事，像尊怒目金刚一般。比如，"文革"中，当他获知杨绛先生被人欺负、钱先生罕见地动手去营救夫人时，他曾拔腿飞奔，操起家伙去保卫自己的老师夫妇；当被恶人设计，面对着严厉的指控，他顽强不屈，奋力反抗，最终自证了清白；他本是国内一流的著名学者，却又被迫像丧家之犬那样，将自己那几张破椅子、破电脑、破书的办公场所弃于脚下，从崇文门的小平房，不停地流浪搬迁，去租借石景山、丰台的四合院……直到最后的泰山饭店，我从未见过他脸上流露出一丝一毫的灰心丧气。他是真战士硬铁汉，一生所经历的种种艰辛，别人很难扛得住，不趴下。

　　栾先生的性格不止怒目金刚一面，他对于晚辈总是满腔热忱，一副古道热肠。以我为例，当年我写作第一本长篇小说《拍卖场》和以后写的《董其昌传》，都曾得到过他的热情鼓励。《拍卖场》中，有诸多针砭时弊的内容，大家对它褒贬不一。栾先生发话说："这部小说我读过，若干年以后，我相信后人们可以拿它当作历史来读！"《董其昌传》出版前，出版社希望栾先生为读者写段推荐语。栾先生花了一周时间细阅此书，写下了热情洋溢的评语。

他就是这样的人，曾面对人生一次次苦厄，始终不肯屈服，却又有能力化险为夷，奇迹一般地屹立着。俗话说得好，好人会有好报！我相信他这一次依然会挺住。

遗憾的是，奇迹并未发生。他去世后，我曾在他的电子讣告下留言："栾先生，如果往生可以了结人世间所有的苦厄、凉薄和无谓，那么您就安心地走好吧！"这是我的心里话。人生金贵，谁都只能拥有一次不再重来的机会，而对于他的人生后半程，几乎全部是为了中华文化的"古典数字工程"而燃尽了自己，真是活得太累太苦太无私了。

在我的记忆里，曾以为栾先生做过社科院情报信息中心的主任，其实没有，他当过的是社科院计算机室主任。栾先生去世后，他的老同事李惠国先生发短信曰："栾贵明先生千古。"田奕告诉我，李惠国先生才是当年的社科院情报信息中心主任。岂料在栾先生千古之后的第六天（25日），李惠国先生也千古了，享年八十四岁。

还是在那次见面之前，栾先生派给我一个任务：尽快建立"钱锺书先生纪念馆"，让社会看到他珍藏的诸如钱先生的遗物和手稿等文物，尤其是钱先生给他写的一千六百余札信件，但因为种种原因，纪念馆的选址问题一直久拖未决。

直到今年 12 月中旬，面对新冠疫情，北京市优化实施了集体免疫新政，完全放开了进出北京城的管控。而我的老父亲在北京疫情期间弃氧后，一直困于防疫政策而未能回归常州与我的母亲合葬，所以我必须抓住政策调整的这个间隙，自己驾车千里，把老爸的骨灰送回去。

父母合葬仪式结束后，12 月 17 日中午，我刚刚察觉到自己有可能感染了新冠病毒，于是果断驱车返京。不承想在半路上病情发作，与病毒纠缠了十六个小时之后，所幸终于回到了北京家中，开始卧床养病。

19 日，我尚在发烧中，忽然收到了田奕发来的短信："孙炜！栾贵明先生于 2022 年 12 月 19 日，在北京电力医院因病去世。"

就这么冰冷冰冷的一句话。

我拿起枕边的手机，想与田奕通话，却发现自己哽噎着，根本无法说话。泪水哗哗流，湿透了我的枕巾。

自去年父亲在疫情期间辞世以来，这是我的第二次痛哭！

写于 2022 年 12 月 29 日

旁春回浑似不曾回

——追忆栾贵明先生

杭起义

我与栾贵明先生虽不曾晤面，而微信交流已有五年之久，并且几乎都与钱锺书先生的一些往事及其著作相关。

五年前，我曾尝试将钱先生的学术成果运用于中学语文课堂教学，包括"打通说""企慕情境说""农山心境说""史蕴诗心说"等，部分文稿已经拟就，当时打算在一家语文刊物上开辟一个"在中学讲钱学"专栏。栾先生辗转得知，觉得此举很有意义。后经引荐，我们取得联系。他来信肯定了向中学生"普及钱锺书"是一件非常有价值的教学实践，并就具体的教学内容提出建议，希望我能将钱先生的文学作品也纳入其中，并让学生了解、学习钱先生的好学精神。接着，栾先生所著《小说逸语——钱锺书〈围城〉九段》出版，他寄了一本给我。受他的启发，我备受鼓舞，据此增添了钱锺书散文与小说《围城》（节选）的阅读教学计划，正好撰成十课教案，加上总论《汲取"钱学"成果，创新语文教学》和结论《启迪诗心文心，播下智慧种子》两篇文章共十二篇。

不久，"在中学讲钱学"专栏的设想得到几位语文教育家的推荐和语文报社领导的支持，十二篇文章如愿发表在《语文教学通讯》学术刊，自2018年第七期始至2019年第六期止。每月一篇，为期一年。同时我将此专栏稿件加上若干评论，集成《在中学讲钱学》书稿，寄给了江苏凤凰教育出版社。书稿同样受到出版社的重视，于是这本语文教学专著于2019年10月正式出版。栾先生听闻讲钱学专栏顺利在报刊上开设后，回复我说："这是近年来最好的大消息。"待拙著出版，他读到我在后记中对他的感谢之辞时，又在微信中说："只要有利于推广钱先生的学术成果和好学精神，都是我的快乐，所以要先谢谢你，赐我快乐的朋友。"质朴的话语，让人格外感动！

2019年11月18日，栾先生转发《中国新闻周刊》公众号上发表的《数学考了十五分的钱锺书出了道计算机题，这些人研究了三十五年》一文给我。其实，我早就知道，他曾受钱先生委托，于1985年创建中国社会科学院计算机室，致力于"中国古典数字工程"的研究与开发，历经磨难而不悔，2007年又成立北京扫叶公司，继续做这道"计算机题"。三十五年来，"古典数字"项目曾获得国家科技进步奖，并陆续出版了《全唐诗索引》《中华史表》《永乐大典索引》《全唐文新编》《宋诗纪事补正》《十三经索引》等巨著，还有《太古帝王集》《夏商周三代帝王集》《子曰》及老庄列等系列丛书。可以说，栾先生以"犹将有限事无穷"的精神，几十年孜孜以求，"不辱使命"，成绩卓著，为中国古代文献的保存、整理、研究与传播作出重要贡献。于是，我们就聊起"古典数字工程"，他说："这个数字工程功能强大，有机会你也可以出个题目，检测一下。"到了2021年春天的一个周末，我写论文，苦于某个关键术语出处不明，担心误用错用，想起栾先生的话，便请他帮忙。过了两天，他上班后将搜索结果用电子稿发我。"数字工程"果然是"拾穗靡遗""俾求全征献"，而且追本穷源，如此神速，否则即便皓首穷经，也难以将其出处"一网打尽"。我不得不叹服钱先生的眼光和栾先生的毅力。

2020年春，栾先生告诉我，北京扫叶正在编写一本《风雨默存》以纪念钱先生，他推荐了我，希望我能写一篇文章，或提供一篇旧文。我遵命完稿，题为"钱锺书不可缺席中学语文教学"，也是实事求是，有感而发。是年底，栾先生转来《"送我还劳过虎溪"——周南老谈钱锺书》一文，是田奕和崔昌喜所撰，发表在《中华读书报》上，此文也将收在《风雨默存》里。2021年7月，栾先生又告诉我，大概书要出版了，出版社需要作者的身份证复印件，我随即奉上。至今还在期待着此书早日印行。一本纪念钱先生的文集能够空出几页给一位中学语文老师，我是何其幸运！

由此想起《小说逸语》出版不久，我曾读到一篇批驳文章，也听到若干议论，于是就写了篇读后感交给栾先生，其中一段文字是："细节的真实，言语的确凿，内心的诚挚，以至许多言辞极似钱先生所说，或可称作'代言'，或可当作'对话'。叩念，默念，想念；敬师，亲师，护师。尤其是钱先生对着'子路同志'那声'骑车给我小心着！'虽为回忆，却让人感觉昔人音容宛在；而栾先生评价钱先生的那句'深深的自信，坦坦的自负'，非'知心'者何以道出？"栾先生读后，赞赏有加，说文稿交给他就行了。最近听说《小说逸语》即将再版，栾先生将我的读后感也附于其中。在自己的著作中附上他人的一篇读后感是否妥当？我不知道栾先生当时是怎样考虑的，但他确实是一位值得信任的人。

在与栾先生交往中，我还知道他在撰写《大书出世》，内容大概是《管锥编》写作、出版过程中的一些往事，目前北京扫叶"古典数字工程"公众号已经推送了其中两章。栾先生与我虽曾谈到钱杨著作权事件，也涉及一些"秘闻"，如《管锥编》文白两稿、《谈艺录》手稿复印件及其引言"兹则犹昔书、非昔书也，倘复非昔书、犹昔书乎"之"隐含密码"等等，正是"世途似砥难防阱，人海无风亦起波"。不过，此类聊天，也只是他说我听，并不曾有过追问。只有2022年元月那次，栾先生转来《天堂里的笑声》录音时，我曾好奇地问过他几个小问题。

此前我从来没有听过钱先生的声音，更不用说"我们仨"的日常谈话。"天堂里的笑声"从栾先生进入钱宅始，就听到"喝甜水""吃苹果"之类的招呼，还有谈《围城》、亭子间往事，谈国际时事、美国博士等等。那天钱瑗是主角，气氛非常好。听了几遍，下班后我就问栾先生："钱家三口知道您在录音吗？"他说："是经过钱先生同意的，但他不允许看到录音机……不但录音多，书信也多。该适当公布了，看看钱先生是怎样预言这个世界的。太神奇了……我已经花了八年，一点点地以文字录出来，至今还在做。"所谓"预言"的"神奇"，也应包括1985年钱先生写给栾先生的一封信。又因在录音里，钱瑗说：您不能拿您的生命当儿戏，您要对我们负责。我便再问："她那么不放心您走出门，一定要让您带上两件东西，那是什么？"栾先生说："是英国的捆绳。她老是要送给我。""那天骑自行车去取书，由于还的书特别多，她一定要我用绳子把书系牢。"

我想起《小说逸语》，钱先生称他为"子路"，借书还书一向是他代劳的，因此从"天堂里的笑声"这段珍贵的录音来看，说钱先生视栾先生为家人也不为过。

我与栾先生最后一次微信联系是 2022 年 10 月 22 日，那天他转来白小麦发表在《百年潮》上"八页长文"的手机拍图，我知道他在病中，只略示谢意，未敢过多叨扰。不料栾先生竟于 2022 年 12 月 19 日逝世！21 日下午，从"古典数字工程"公众号获悉《讣告》后，我哀恸良久，默默悼念这位热心善良的长者。

栾贵明先生追随钱锺书先生三十余年，又与钱先生同月同日逝世，谁知这是缘分还是天意？现在，这位曾与钱先生最亲近的人永远地离开了我们，他所知道的那些"秘密"和未竟心愿也永远冻结在 2022 年的岁末！当我写这篇追忆文章时，虽已是春天，却感觉它仍然蜷缩在冬天里，一副哀容。

（注：文题及正文所引诗句均出自《槐聚诗存》。）

2023 年 2 月 16 日于杭州

怀念"中国古典数字工程"的贵人

——栾贵明先生

刘岩松　刘彦臣

2022 年 12 月 19 日下午三点五十四分，寒小风先生在我们的微信小群里发了两行字："上午十点五十五，在电力医院急诊室，栾先生走了"，并附有泪流满面的表情包。

愣愣地盯着手机屏，扼腕叹息之际，见寒小风先生又在群里发了一张"历史上的今天"截图，图上有钱锺书先生的半身像。1998年 12 月 19 日，栾先生一生追随的钱锺书先生离世。这是历史的巧合，还是冥冥中的天意？！

熟悉栾先生的人都知道他对钱锺书先生怀有多么深厚的崇敬与思念之情。相隔二十四载，今儿，栾先生是与钱先生一天走的！！念及此，沉痛的心情稍稍释然。

"生我者，为贵人"。自上世纪七十年代起，钱锺书先生和栾贵明先生就如何看待、整理中国传统文化进行过深入全面的讨论。从上世纪八十年代至今，近四十载，栾先生谨遵师命，率领扫叶团队，从体制内到体制外，白手起家，攻坚克难，忘我工作，使"中国古典数字工程"取得了如今的辉煌成就。对于举世瞩目的"中国古典数字工程"来说，栾先生与钱先生无疑都是她的贵人！

第一次拜访栾先生的时间是 2011 年的夏天，那时，栾先生带领扫叶团队还在房山长阳的一座大院子——"扫叶园"办公。带我们去的是修正药业集团文化顾问、"五个一工程"奖两次获得者、全国公安系统著名作家修崃荣先生。从北五环到南五环的路上，修先生给我们讲了许多栾先生与钱先生之间的逸闻趣事，以及"中国古典数字工程"所取得的成绩，遇到的艰辛、坎坷与不易。有道是"英雄爱英雄"，修先生的言辞中充满着敬佩之意，也使我们更加向往。

打开扫叶园的角门，这里鲜花满园别有洞天，宛如世外桃源。迎接我们的栾先生满面春风，如数家珍似的给我们介绍园中的月季花，是什么品种，原产地在哪儿，有哪些特点……还顺便给我们讲了个典故：

从前有座寺院里有位老和尚非常喜欢养花，花养得也很好。有一天老和尚要出去云游，就嘱咐看家的小和尚一定要照看好寺院里的花。可是，老和尚走后，寺院里的花被一场突如其来的冰雹给打得残败不堪。小和尚就非常担心，自己将要挨训斥，一直忐忑不安。这日，老和尚归来，小和尚战战兢兢地不知如何向师父解释。老和尚却宛然一笑，说道，不必挂怀，养花本来是一件让人开心的事儿，何必为它的盛衰自寻烦恼呢？

听到这儿，大家都会心地笑了起来。"看庭前花开花落，望天上云卷云舒。"这一刻，宠辱不惊、怡然自得、笑看人生的栾先生已走入我们的心里。

此后的日子里，我们有幸经常去拜访栾先生，有问题就向栾先生请教。有一段时间，令我们最为困惑的是当下国潮热衷的"榫卯"这个词是在哪部文献中，从什么时候开始出现的？栾先生当即安排咱们扫叶团队的老师开启"中国古典数字工程"人工智能检索，精彩的人机对话开始了：

"榫"及"榫卯"最早出现的文献分别如下：

宋丁度《集韵》卷五："榫，剡木相入。"

宋俞文豹《吹剑录外集》云："伊川（程颐）云，枘凿者，榫卯也。"

太棒了，终于找到"榫卯"这个词的最早出处是《吹剑录外集》了，还是出自宋代大儒程颐之口！接下来的问题是：宋代以前古人如何称谓"榫卯"，又出自哪些文献？

"枘凿者，榫卯也。"可见"榫卯"原本称为"枘凿"。关于"枘（ruì）"和"凿（záo）"，早期的文献有《庄子》《九辩》《史记》等典籍。例如《史记卷七十四·孟子荀卿列传》记载："持方枘欲内圜凿，其能入乎。"

通过上述"中国古典数字工程"的人机对话，我们发现古人在行文中，讲述事物之间的关联道理时，大多用"枘凿"或"凿枘"，很少用"榫卯"。只有在讲到具体的玩具、家具、建筑的制作时才会用"榫卯"一词。比如明代刘若愚《酌中志》卷十六讲木傀儡的制作："木傀儡戏，……每人之下，平底安一榫卯，用三寸长竹板承之。"可见，古籍中"枘凿"或"凿枘"是书面语，而"榫卯"多为口语或俗语。如今"榫卯"一词已发展为书面语了，而"枘凿"或"凿枘"却很少用了。这些言之凿凿的文献，对我们木作行业开展理论研究是极为宝贵的。

近年来，我们承担故宫博物院乾隆花园、古华轩、碧螺亭、旭辉亭、毓庆宫、奉先殿、符望阁等多处复制家具和修缮木器文物任务时，凡是涉及文献支撑，均求教于栾先生，均得到了咱们扫叶团队老师们的鼎力支持，不胜感激！

同时，我们有了工作成果也非常愿意向栾先生汇报。当我们带着借鉴京作经典家具造型开发的可拼接榫卯玩具"禅凳"向栾先生展示时，他非常欢喜，也像孩提般把玩了起来，并鼓励我们京作经典家具造型开发榫卯玩具大有可为，应该在这个方向继续努力。栾先生安排咱们扫叶团队老师从"中国古典数字工程"中检索出"现存《永乐大典》中关于建筑及家具图样"并附家具类中"营造法式"卷、"门"卷、"夷床"卷、"熬筐"卷，建筑类中"城门"卷、"园林建筑"卷记载条目说明，相赠。这对我们是莫大的鼓舞，也为我们后来承担制作故宫国礼项目提供了文献支撑。

2022年春天，趁新冠疫情稍有缓解之际，我们再次到海淀泰山酒店看望栾先生时，尽管他因肾癌手术治疗刚刚出院不久，却已提前在办公室等候我们了，令我们非常感动。此时的栾先生已面色憔悴，身体虚弱，却依然兴致勃勃地与我们交谈，不舍我们离开。

此次与栾先生见面后，对他的身体一直放心不下，因疫情波动，又不便前去探访，很是无奈。不过，也有令人宽慰之处，我们京作榫卯艺术馆藏有完整的《钱学森书信集》，2022年12月4日，我们翻看"1992年9月17日钱学森先生致刘烜教授的信"时，惊喜地发现钱学森先生写道：

9月1日信及尊作《文艺创造心理学》已由冯国瑞教授转来，您叫我"指正"我不敢当！我只是对文学艺术感到亲切，但自己对文艺没有研究，是外行。翻看了您的书，感到几点没弄懂的，写下来向您请教：

（五）讲文学创作理论，您似未提两位此门学问中国的公认大家：古代的刘勰和当今的钱锺书。这是怎么回事？

读到此处，我们想：栾先生若看到此信，钱学森先生将钱锺书先生与《文心雕龙》的作者刘勰相提并论为"此门学问中国的公认大家"，必会欢喜。于是，第一时间将"钱学森先生致刘烜教授的信"截图、标红，发微信给栾先生了。又恐栾先生视力不好，未能及时看到微信，就又将该内容转发给了田奕老师，请她转告栾先生。

2022年12月5日中午，田奕老师回复："谢谢！我已告栾先生，他很高兴。"见此回信，我们有了些许释然：终于能够为栾先生做了点啥。

2022年12月19日，栾贵明先生走了，是与他一生追随的钱锺书先生一天走的。在天堂里，栾贵明先生一定能够与拥有"开拓万古之心胸"的钱锺书先生相见，一定能够与一身英雄气的修崚荣先生相见。这两位先生，见到栾贵明先生时，或许都会说：您辛苦了！您已经竭尽全力，鞠躬尽瘁！您是"中国古典数字工程"的贵人！！

2023年6月1日

于京作榫卯艺术馆

156

栾先生好！想念您！

朱自评

这封来自未来的信其实早就想写给您，只是过于沉浸在岁月沉淀中的我早已忽略了时光机器的存在，东一笔西一笔竟是拖了数载，还望勿怪。知您从来不屑于世俗礼仪，以前但凡提着礼物看您或闲谈中尊称您多一些就被您笑骂。得，那我在信里就免去那些敬称吧。

时光荏苒，月缺又月圆，不知不觉间我们几个当年您的小朋友现在竟也须发皆白，到了朝枚之年。

还记得数载前的 12 月 19 日您决定步钱先生之后尘而去以后，那时我就在想，未来还有几十年呢，或许足以让我可以修行到您那样的境界——对生活所散发出的超然洒脱、对生命所表现出的向死而生，对先师所做承诺的坚持、对心中理想的负重前行，对家庭亲人的默默守护、对老少朋友的平等尊重。

现在回顾起来，基本上勉强做到了一些。只是我模仿您做的几个菜仍然被家人和朋友们诟病。这些年不断尝试复原您当时做的几道不同季节里的硬菜，却总是在您的那群小朋友嘴里过不了关——

小刚和欧阳嘲笑我东施效颦，嘴刁的荣东不屑地只是撇撇嘴角。估计晓光要是在的话，对食物最挑剔却对人最温和的他也会委婉地说"自评你还是蔬菜做得好"。幸亏陈飞兄寡言，陈大姐和田老师心善温柔，我每次模仿您做几个硬菜才没有被从聚会的餐桌上端下去。

这么些年过去，您当年的所有努力与坚持都已经开花结果，更多新技术的不断出现与发展，让盗版几乎成为不可能，更让已经数字化的中华万千典籍的传播与传承极为方便。而在我认识的小朋友里有一些您走后才出生的30后40后国学文青，您在他们那里尽管已经是一个传奇，却偏偏认为您颇为自豪的厨艺不过尔尔。嘿嘿，想来要怪我——因为我每次做硬菜都说是从您那儿手把手学的真传。写到这里我不禁暗自地坏笑一下，谁叫您当年授艺时"藏私"了呢！传了硬菜之道，授了红案之业，却在最后关键处笑呵呵地拒绝解答我对具体烹煮操作之疑惑，满脸神秘地称"此最关键处是要靠个人悟性"。本以为我们如今生活的这个时代，人工智能设备比起您走那年更发展更成熟也更普及，然而无论我利用哪种智能烹调系统，却总是不能复原您当年给我们烹饪出来的那些记忆。写到这里，不禁大大叹息一声——多年来我在这方面悟得好"辛苦"。

您恐怕对这些小事已经忘了，但我仍然还清楚记得，上世纪九十年代初，扫叶公司还仅仅是扫叶项目的时候，那一年仍然是早夏，操劳了一天的您决定露一手给大家做一顿夏天的晚饭犒劳一下。您这手一露儿不要紧，那浓浓的香气在咱们西二楼楼里楼外地飘扬，行人驻足侧目，邻居开门伸头。那香气仿佛滞留在了楼道的每一个缝隙里，直到第二天门口老槐树满枝的槐树花香还不能掩盖住。周围忙碌着的蜂儿们似乎也有几只分了神，飞进了楼里。在筒子楼东头作为邻居的我更是忘记了早已用过了晚饭，在失去控制的口水驱赶下，馋鬼加饿鬼一般顺着这股香气寻到你们用做工作室的屋子一探究竟。敲门而入，愣住了，哪里看得清有什么东西，满屋烟雾缭绕，模糊的视线中看到一位老烟囱带着几位小烟囱人手一根，正在几台电脑前忙碌着。我强睁着被烟熏得流泪的一只眼，寻找着烟雾背后那股浓香的来源。"找小刚吗？邻居吧？吃了吗？来来来，尝尝我做的炸酱……"洪亮的声音从烟雾中传来，打断我搜寻的目光，才留意到银发下面慈祥的您正和蔼地招呼我。在略微的尴尬中局促地自我介绍了一下，我便迅疾地冲到一摞儿五寸盘旁边的那一大碗炸酱前，心不在焉地客气着，手里已肆无忌惮地将大勺炸酱拌到大碗过水面中，吸溜入口，嘴中味蕾顿时激动起来，再顺手接过您递过来的蒜瓣儿……

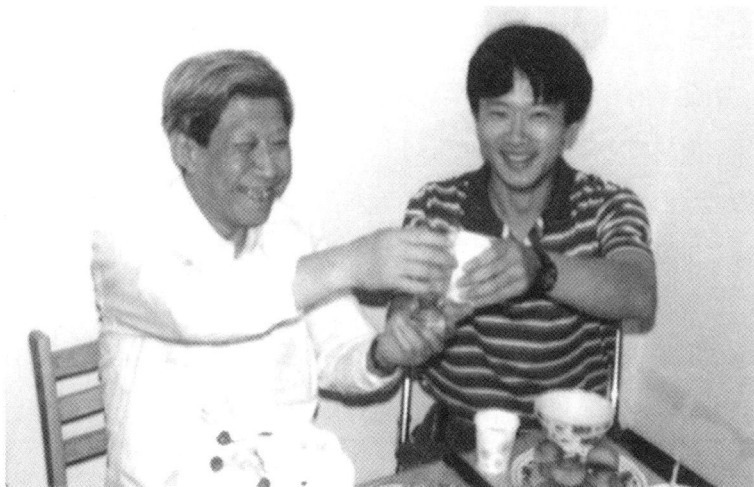

1997 年合影

159

那一晚，身体中所有掌管快乐与幸福的细胞都彻底拜倒在您的炸酱面前。直到有一天，您拿出一罐老汤，又变戏法般地整制出一锅酱肉……从此，大木仓三十五号的西二楼变成了我味蕾的故乡。

今年我再一次回到这栋两层的筒子楼前，半个多世纪以来的风霜雨雪似乎没有对它带来太大变化。抬头凝望着二层中间的两扇窗户，耳边又似乎响起当年深夜不停的键盘声。

几朵槐树花飘落下来，打在睫毛上，顺着鼻尖滑落。

老槐树依旧茂盛，婆娑的枝叶中几片树叶在风中飞舞着，顺着夕阳的余晖缓缓飘落。霞光微微透过树叶，隐隐显露出清晰的叶脉。

是您在传递着什么信息吗？是不是又要我、要我们去悟？

还记得您一向只提到钱先生在数字化典籍检索方面的远见卓识，却从不提及自己从互联网初期的九十年代就开始的长达三十年的坚持。若不是有一年冬季在一次围炉火锅的闲谈中您不经意的一个感叹，圈外人谁会想到坚持数字化典籍之路的艰辛。

两载过去，当异域风土人情已成为生活的一部分，当故乡快要变为他乡的时候，我又一次见到了您。扫叶项目已经成长为扫叶集团，面前的您散发出来的依旧是那熟悉的卷烟熏出的气息，那很有穿透力的厚重坚实的声音，那份和蔼的尊重，那种温暖的坚定……这一切，又让我感觉回到了西二楼，回到了故乡。

现在一晃又过去了四分之一的世纪，这大概是咱们相识以来的最长一次分别吧？您倒是走得潇洒，化作一阵青烟，尘归了尘，土归了土，让分割大陆和南北西东地理疆界的万里重洋不再是障碍。从此，我们之间只隔着一个时空。

直到有一天，他乡已成故乡时，我忽然悟到了，原来对操作细节的把握是随人的，即便是您在今天，也不会再做出与当年一模一样的那些硬菜。

明天的扫叶会不同于今天，然而那个叶脉依然会是清晰可循。

这些年您身前身后地帮助我们明白了——原来，大道至简。如您一样，无迹可寻，却又无处不在。

继续想念着您……

自评散笔于 2052 年立夏

怀念栾贵明先生

李容海

我与栾贵明先生的初次相遇是 2000 年秋天一个周末的下午，地点在辽宁省迎宾馆。那一年我十六岁，读高中一年级。家里长辈说你不是很喜欢《围城》？带你去见个高人，和钱锺书先生关系很密切。对于栾先生的第一个印象就是笑眯眯的一张脸，说话中气十足。

因为事先没有太多的了解，所以我难免有些局促，不知道该说什么好。栾先生很亲切地问我语文课作文写些什么。当时的语文老师也是一个不循常规的人，那个周末留的作文题目是《他/她死了》，并限五十个字内完成。栾先生听后点点头说那还好。然后向家里长辈戏称是否需要"污染污染"我，长辈马上回答他已经自己读了很多"污染"的书了。栾先生仍然是笑眯眯的。后面的事已经记不清楚了，只是依稀记得栾先生聊了很多钱先生作品的事。当时我对于钱先生的作品也仅限于《围城》和《写在人生边上》等小说和散文，对于钱先生真正研究的内容并不清楚，所以栾先生提及的很多人和事，只能听个似懂非懂。在见栾先生之前，有幸曾与杨绛先生有过一面之缘，事后得知这也是栾先生和田奕阿姨的引荐促成，不胜感激，与杨先生的合影至今保留在相册中。

和栾先生再见是两年后的假期，当时家里为了激励我们读个北京的大学，安排自行到北京游学一周，住在人大的留学生楼招待所，在游览了学院路附近的几个学校后，在离开的最后一天下午拜访了栾先生和田阿姨。直到现在我都清楚地记得当时栾先生工作的地址——"花市上三条"，一个充满美好和诗意的名字。栾先生推着一辆自行车来接我们，穿过一个因为拆迁施工非常吵闹的地下通道后，带我们来到一个闹中取静的四合院，这也是我第一次看到一个四合院的内部结构。这个四合院之前是一个王府，后来似乎成为一个将军的府邸，当时被栾先生租用作为办公场所。现在能够记得的就是屋内堆满了各种图书和各式各样的计算机，屋外院子中间有一棵大香椿树和诸多绿植。当时正值香椿发芽，栾先生建议爬上树摘点带回去，我只得老实回答从来没有爬过树。栾先生一脸吃惊地对"这么大男孩子从来没爬过树"表示不相信，然后问那小时候打过架没有？在听到架也没怎么打过的时候，栾先生表示要和家里长辈"谈谈"。田阿姨一直都是笑眯眯地看着我们。后面就是吃饭，然后栾先生和田阿姨送我们到门口，目送我们坐车去车站。

真正了解栾先生和田阿姨具体做什么工作是我到北京读大学之后了。当我听说栾先生按照钱先生的要求，要将中国古典文献整理并录入计算机后，我第一个反应就是，这么浩大的工程为什么由个人来做？得知这些年来栾先生完全凭借个人和民间力量推动这一伟大工程的时候，心中唯有深深的震撼。这样一个巨大工程推动起来的难度可想而知。虽然有钱先生"指示"以及栾先生、田阿姨及同侪的不断努力，但仍然举步维艰。作为一个需要长期天量投入却很难产生直接经济回报的工作，在北京不断上涨的地价中，连一个固定的办公地点都难以保证，只能因为拆迁、租金等原因不断从中心向北京外围地区转移。我2003年到北京的时候，花市上三条的四合院早已被拆掉。每次拜访栾先生都是一个不断"西进"的过程，从石景山到苹果园再到"黑石头"，中间似乎还有几次搬迁，但都很短暂，所以名字已经记不清了，只记得地铁越坐越远，下了地铁打车的时间越来越长。最终，栾先生选定房山一处农家院算是稳定了下来，就是现在的扫叶园，个中艰辛，恐怕如人饮水，只有他们自己才知道。

记得第一次到扫叶园拜访，栾先生担心我们找不到，特意托门卫老席出门迎我们。时值寒冬，因为没有暖气供暖，栾先生和田阿姨的办公室也仅依靠一堵火墙取暖。待第二年春天再次拜访时，院内已经是一片欣欣向荣之景，除了工作人员各司其职外，园中开辟了菜地，建了食堂，从石景山就一直带着的几只警队退役的德国黑背，从"养狗专家"设计的狗笼中探出头或在园中来回叫个不停，田阿姨平日所养、被田阿姨戏称为"宪兵"的小狗在园中叫了几声，黑背们个个耷拉下脑袋不再出声，我们得以顺利进入屋内。

因为计算机和古典文献均不是我的擅长或者专业，因此对于栾先生的工作本身，甚至谈不上交流，每次拜访更多的是倾听栾先生讲述各种新闻及文学界的奇人轶事，偶尔几次能够涉及栾先生工作内容：一次是栾先生提及众多古代文献中记载"杰出人物"降生时，往往都伴随天文奇观（如日食、月食等），那么能否将科学上有准确计算的天文现象的时间与文献中的时间对照，这对于古代文献内容真伪、时间年代的校准有较大意义（应该是对应日历库的工作）。栾先生认为我英语尚可，又读过航天院校，所以询问我是否能够帮忙检索日食月食的历史记录。我从 NASA 网站找到了包含从公元前两千年至今有准确推算时间可观测经纬度范围的日食月食记录，下载发送给了栾先生，并且将记录中儒略历与公历的衔接等信息一并发送，不知后来对于栾先生的研究工作是否有帮助作用。还有一次是栾先生告诉我们，他们通过文献整理和检索，将《论语》内容扩充了十倍左右，此项研究成果将成书出版，让我们给书"起名"。我脱口而出"孔子语录"，栾先生笑眯眯地说出了"子曰"，一时境界高下立判。

每次拜访栾先生，均能从他口中听到一些机构乃至文学界如雷贯耳人物的轶事或者秘事。我理解他与我们这些小字辈讲这些，并非出于价值判断，是希望我们明白人世间本来的面目以及人性真实的一面，担心我耽于书本，脱离实际。多年以后回想起来，我想这才是最好的教诲。写这篇小文时，栾先生的音容笑貌，宛如就在眼前，仅列举栾先生提及"趣事"若干如下：

栾先生曾栩栩如生地讲述在那个众所周知的政治风波里，他如何在钱先生的预测下，利用信息不对称，巧妙地从漩涡中脱身；栾先生曾经解释为什么钱先生做社科院副院长时，他建议钱先生接受院内配小汽车的待遇，他给钱先生的原话是："我也六十（岁）了，我不能再让您（钱先生）坐在自行车后座，带着您去医院了，万一冬天下雪摔了怎么得了。"栾先生曾经斩钉截铁地辟谣了很多关于钱先生的谣言；栾先生曾经无奈地描述围绕在某文学巨匠周边探望的一群人听说要献血一哄而散的情景；栾先生曾经黑色幽默般描绘了他送钱先生最后一程时遇到的荒谬场景；栾先生曾经讲述钱先生开启"古典文献数字工程"的初衷等。

栾先生说了很多，但是更多的事情只有深深地埋在他心里，不曾在任何公开场合讲述。他心中唯一的信念就是完成钱先生交办的"古典数字工程""作业"，纵然是有再多的委屈，他也从来没有计较，尤其是涉及钱先生的事情，他更是以大局为重，默默忍耐了几十年。我曾经建议栾先生将他所经历的事情进行口述历史，但他只是淡淡地说有一天也许会将这些写出来。时隔多年之后，我看到栾先生写的一些所谓"解密"文章，仍然是以维护钱先生而默默吞下苦果和委屈的轻描淡写。栾先生始终关心的是如何将"古典数字工程"完成，最困难时将自己房子出售维持运转。

按照栾先生转述钱先生的话，"贵明，我死了之后你的这个工作会遇到非常大的困难"，并给栾先生留下"三个锦囊"，让他按照《三国演义》的路数分阶段打开，但究竟锦囊是什么栾先生从来没有透露过。我曾经想，智慧如钱先生，应该非常清楚他留给栾先生的"作业"是多么艰难，但为什么钱先生仍然把这么大的困难留给栾先生？我曾经非常不理解钱先生这种安排。但是与栾先生接触多了，我慢慢明白，钱先生恐怕想表达的意思是，只有栾先生才能将他的遗愿和遗志进行到底，从这个意义上说，钱先生是非常智慧的。同时，钱先生在世时明确地和栾先生讲，田阿姨是可以信赖、有能力并且能够"跟你（干这项工作）到底"的人。我们明白他心中的答案。

栾先生把我当成他的一个小辈，关心我的方方面面。我出国交换的时候，让我如果去加国可以联系他一个干女儿，可提供若干关照。曾经对我领去让他看看的前女友赞不绝口（也许和这个女生是他的校友有些关系吧），并少有地"斥责"我对她不够关心，最后因为现实的原因一地鸡毛的时候，叹气的同时向我推荐给他日常治疗、"人品极好"的女中医医生"接触看看"。但是后来因为我家里发生的"巨变"不了了之。

我本人可能因为贪恋校园的舒适，在学校赖到最后一刻才离开，因此经济上始终只能勉强自给自足，对于栾先生的事业始终有心无力。后来家中出现"巨变"，对自己产生了巨大怀疑和心理压力。栾先生和田阿姨是我认识人中最 pure 的（从事"古典文献数字工程"如果没有一颗 pure 的心，很难坚持几十年），所以在那段时间里我曾经频繁地拜访栾先生，其实是想寻求帮助，但也因为种种原因始终没有开口。每次只能以节日缘由，买些东西送去，听栾先生说说话，缓解内心的焦虑。每次陈飞先生送我出门时，总是说以后再来别买东西了。

后来与栾先生的联系慢慢就断了，原因一是知道家里人本来可以出一份力但是没有这样做，觉得再去就很尴尬；二是因为家里人认为我"一切好的事情都归因于他，一切不好之事均归咎于我"，为了不再为证明自己活着纯属多余提供更多"炮弹"，慢慢就不再去拜访栾先生和田阿姨了。

印象中最后一次去拜访栾先生，是在学校舜德楼的咖啡厅，听到一位先生在谈"钱先生生前留下的大工程"，我意识到栾先生的工程已经能够成为学界的"谈资"了。果然在随后拜访栾先生时得知很多文化公司联系栾先生，想把"古典数字工程"包装上市创业板等。我当时单纯地担心他们被资本裹挟，不知深浅地进行了劝阻，并且认为栾先生现在需要的是他日九泉之下见到钱先生，可以告诉钱先生"你交给我的'作业'我已经完成了"。此话一出，栾先生的眼中瞬间充满了激动、艰辛、无奈、自豪、沧桑等种种复杂色彩，栾先生久久不说话，最后还是田阿姨接了一句，他们"确实已经度过了最艰难的时刻"。

我不确定到底有没有天堂或者九泉之下等另一个世界，但我确定的是，如果真的有这个世界，栾先生与钱先生见面时，他确实可以说"你交给我的作业我完成了"，此处的完成并不是实际的完成，因为这个工程绝不是一代或者两代人能够完成的，而是指栾先生确实用尽一生去完成钱先生的"作业"。

钱先生曾经说过，贵明，很多人自称是我的学生，你不要这么说（意思大概如此，原话可能不是很准确）。我以为钱先生的判断是非常准确的，您确实不是钱先生的学生，您是钱先生的门徒。

栾先生千古！

2023 年 1 月 24 日夜

温情的陪伴

黄　波

　　"飞飞"是只漂亮的雄性哈士奇，加上它的一位"夫人"，三个儿女，一家五口，齐齐全全，闹闹腾腾。

　　初次见到"飞飞"一家，还是在北京的初秋。天刚有些凉意，但对于选育自北境寒冷地区的它们来说，可能还觉得热哩。在木栅栏围出的小院里撒欢嬉闹，好不欢快！待我走近了，便会有身影停下来，瞪着标志性的浅蓝色眼睛，嗥叫两声；或是翘着大尾巴往栅栏边跑来，然后扑打两下。围栏不高，以它们的身手该是可以"逃"出来的，为什么不呢？有人说，因为哈士奇比较"二"。我觉得，是它们没那个心思。从出生到现在，已经惯了，而且这样也没什么不好的。毕竟他们陪伴的是一位耄耋老者——栾先生。

　　栾先生和扫叶公司从房山长阳"举家搬迁"至泰山饭店也就这一两年的事儿。我当时在泰山饭店上班，因工作关系，渐渐地和栾先生熟识了。谈到这次搬迁，栾先生总有些说道的，在自己的地盘上被迫"背井离乡"，搁他年轻时的脾气，一定得大闹天宫一番。不

169

过，这次就先作罢了。"穷乡僻壤"的田园生活，恬静安然，全身心自然地就能投入到工作之中。可惜，都将随着青砖墙瓦或埋于钢筋混凝土，或藏在柏油沥青路下。从别处移栽来的花花草草，好不容易才顽强扎根于贫瘠，受书卷香气熏陶而生气勃勃。得！又得再遭一份罪。知否，知否？该是绿红皆瘦哩！

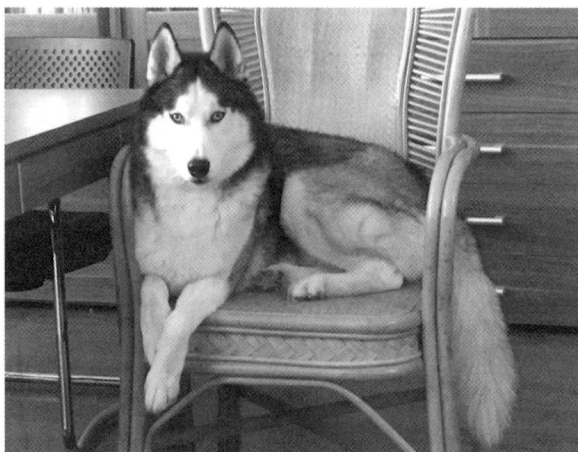

飞飞

为了让自己的五个"大宝贝"有个撒欢处，栾先生也是不惜血本。豪华客房不住，毅然住了荒废多年的泰山别院。屋外的场地翻新，划上小径，圈上篱笆，一同来的花花草草装扮其间，这一小块的田园风景好似又有了故地的味儿。

无奈也罢，心烦也罢，风风雨雨的事儿对于一位年过八旬的老者，已是司空见惯。他可以先压下心中的愤懑，因为有使命在身。有一类人是非常幸运的——早早确定了自己人生的奋斗目标，并可以为之奉献自己的一生。数十年如一日，年逾八旬依旧不离办公桌，没有节假日。并非山珍海味、玉盘珍馐不诱人，也非是我囊中羞涩只得望洋兴叹，更不是自视身之察察，受不得物之汶汶，盖是"以中有足乐者"。鲜衣怒马那是年轻人，山野老夫有衣蔽体保暖足矣；名贵的茶叶品得来，瓶装水也入得了腹。但两口肉，一碗汽水，吾之所爱，任谁也不能剥夺，即便身体抱恙。

"飞飞"一家子跟着"安贫乐道"的栾先生，却没少吃香喝辣，标配是成品的狗粮，钟爱的骨头棒子总是能隔三岔五地供应上，还间有大鱼大肉。它们总保持着矫健的身姿、欢快的性格、充沛的精力。

栾先生全身心投身文化事业，性格豪爽热情，始终有那率性的劲儿在。敢在那个年代为钱锺书先生打抱不平，可见一斑。不吝啬对晚辈后生的赞美与提携，不畏惧与"敌人"的针尖对麦芒。

栾先生知识储备之深、涉猎之广，在和栾先生攀谈时，我这门外汉钦佩之余也是倍感压力。八十岁高龄，依然思维清楚、记忆明晰。他并不在琐事上抠字眼儿较真。不过，凡是涉及钱锺书先生以及自身的专业范畴时，可谓"锱铢必较"。就此一项，恐也要多树立几个"敌人"。于陌生人而言，提及栾先生，很自然就要把"钱锺书"这个标签给关联上。而有些人则居心叵测地表示：离了"钱锺书"你又算得了什么！栾先生对此，多也只有"我从未自称钱先生学生"这一语。说多了，一来无用，二来浪费。

再就是，对"卖国贼、汉奸"的痛恨。侵略者固然可恨，但家贼更是该杀！民族大义、爱国情怀，谁都会说，但在拜金主义、金钱至上的妖风下，在真金白银面前，还有几人经受得住考验？但可以确定，栾先生经受住了考验。他不仅是大学者，更是确实的爱国者！

最后一次见面时，电视上正好有台湾小学生足球赛播放，栾先生对孩子们的表现时有赞赏，同时也难免会有叹息。这叹息，中国足球的球迷们恐怕都有吧。

豪杰陨落，国之损失。人生一世，扮演着众多角色：家人、学生、师长、亲友、同事、开创者、继任者等等。身虽仙逝，所投身的事业却在继续；不断有新鲜血液注入，有成果产出。"有的人死了，他还活着。"臧克家先生的话放在此处，正好。

主人不在了，"飞飞"它们一家该要如何生存呢？暂时的动荡难免，但很快就能恢复元气。春夏之交，午后阳光正好。于清静的院落中，有一位银发驼背老者，五只"大宝贝"围绕在他身旁，或摇尾撒娇，或小跑撒欢。人虽垂暮，步履蹒跚，沐浴阳光下，映射出沧桑面容上红润的笑容，是像孩子与玩伴一齐率性的笑，也像长辈对后生晚辈关爱的笑，爽朗的一声"飞飞"更是充满着欢快。这个画面永存我心间。

我眼中的栾爷爷

许伯坤

在我的记忆里面，栾爷爷一直是一位和蔼可亲而又严肃认真的长者。

第一次见到栾爷爷应该是在我六七岁的时候吧，那时的我还是一个幼稚孩童，每次去妈妈单位，最喜欢的一件事就是跑到栾爷爷的办公室和他聊天。在我的认知里，栾爷爷真的很和蔼，宛如自己的爷爷一般。聊的很多内容已经淡忘，但却深深记得当时我那稍显稚嫩却又天真美好的回答。

"你以后想去哪所大学啊？"栾爷爷笑眯眯地问我。

"我以后要去北大清华！"年幼的我根本不知道所谓的北大清华究竟意味着什么，只知道这个名词很厉害，是我梦想的地方，便不假思索脱口而出。

紧接着，栾爷爷便说："不对，这不是我要的答案。"

我不明白，为什么这个答案不对，直到栾爷爷提醒我："哪所学校是北大清华啊？"

我这才反应过来。于是改了口："北大和清华！"说完，我沾沾自喜。自以为答案应该没有差错。但很显然，又一次出了问题。年幼的我不明白了，为什么加了一个"和"字，答案依然不对呢？

"你一个人怎么能上两所大学呢？"栾爷爷笑着站了起来，从旁边拿了个小零食递给我。

我接过，看着他，一时间有些恍惚，不明白，这个问题，真的有标准答案吗？直到最后，栾爷爷耐心又仔细地介绍了这两所大学的区别，很可惜，当时的我依旧懵懵懂懂。到了现在，我才深刻理解了栾爷爷的用心，他教会了我，无论做人做事，或是研究学问，一定要有钻研到底的精神，要有严谨认真的态度。每每回忆起栾爷爷的话语，都让我对栾爷爷的敬意更深了。

这是我第一次对栾爷爷这样一位长者印象刻画，我那时就认为，栾爷爷是一位很厉害的学问家。

转眼间，我已从当时的幼稚小孩到现在的十八岁青少年，我也在高考结束后最后一次与栾爷爷见面。此时的栾爷爷坐在沙发上，虽然看起来身体有些虚弱，但还是能感受到栾爷爷作为学者的从容淡定。我们依旧在聊天，只不过这次的内容更多是对我的期盼和希望。栾爷爷语重心长地对我说："无论你选择干什么，一定要脚踏实地，一步一个脚印地往前走，慢一点没关系，主要是别走偏路。最好啊，多想想父母，往北京的学校考……"我知道，栾爷爷是想让我多在父母身边陪陪他们，可惜最后我还是回到了四川上大学……

虽然，我与栾爷爷的见面次数少之又少，但是这丝毫不影响我对栾爷爷的尊敬。在我看来，他应当被人铭记在心。我不愿意用所谓称号去定义栾爷爷究竟是什么样子的，因为在我心里，栾爷爷永远是一个问题可以纠正我三次还不嫌我烦的、愿意笑着给我拿小零食的、告诉我做人做事脚踏实地、要有刻苦精神的那位和蔼可亲的老爷爷。

　　思至此处，笔过留痕，看天色渐晚，我知道，我的思念又在此时此刻从心底萌发。恍惚间，似乎又听见栾爷爷在我耳畔笑着说："来，尝尝这个……"

数字人文的探路者

——记栾贵明先生

田　奕

　　1999 年夏末，我陪杨绛先生在大连躲避住所社区院内装修的吵闹。忽接栾先生电话，要我无论如何回京一趟。原来是代表文化传信集团的朱邦复先生约见，希望合作共同开发文史数据库。抵京当天即见了朱先生。会晤结束，栾先生眼中充满光芒地说："钱先生交代的题目又可以开始了。"那一刻我知道，虽然钱锺书先生已经去世，即便项目在社科院早已停止，但栾先生从未忘记钱先生留给他的这份作业。

　　栾贵明先生 1964 年毕业于北京大学中文系古典文献专业，后分配到社科院文学所，自此追随钱锺书先生三十多年。而在上世纪七十年代，栾先生就在钱先生指导下，举十年之功，完成了《永乐大典索引》的工作，成为研究《永乐大典》的大专家。八十年代，钱先生又率先提出用电脑整理中国古典文献，一句："贵明，放下咱们手上所有项目，你去专心开辟这个领域。"栾先生作为执行人，当时还不知计算机为何物，就面无惧色地领了这份差。骑着单车跑北京，看遍计算机展，见人就请教，短短两年，自己钻研学会了输入法，学会了编程。借着每周去钱先生家的机会报告新发现、新进展，两人就此讨论制定出"古典数字工程"的四大库框架。1986年，在社科院立项，不久即出版了《论语数据库》，后又获"国家科技进步奖"。看上去很顺利的进展，项目却在1993年停止，尔后机构解散。2000年，我们重打鼓另开张地启程了。招兵买马，重搭平台，文史资料的建设在一座古老的四合院中有序地进行着。而栾先生这边在忙的一部钱先生遗作《宋诗纪事补正》也已完成，于2003年正式出版。

说话就到了2007年，我们结束了与文化传信的合作。在栾先生带领下注册了北京扫叶公司，专注"中国古典数字工程"的建设。

记得公司刚成立时，还有六十多员工在册。为活下去，我们分流了一部分人员，并且为生计开始寻找项目。这时候栾先生却定下一条规矩：只能围绕着咱们所做的工作找。大家既能够得到锻炼，又可以为生存创造条件，否则项目不能有序推进。难啊！这时候想的还是项目该如何进行。于是我们马不停蹄，四处奔波，常常抓耳挠腮，面露难色。栾先生却总是乐呵呵地鼓励着，每每这时我们才会不自觉地松一口气。时隔这么久，大家不时地在谈笑间戏说着当年的窘境，一切都飘忽远去了，留下来的总是栾先生意气风发的模样。

然而难题是一个接着一个，随之而来的就是我们付不起房租了。在那两年间，搬家一直困扰着我们。因为工作的关系，资料积累越来越多，每一次移动都成了对我们的考验。那时栾先生已经六十多岁了，可他都亲自上阵，找办公地，整理物品，指挥运输，场地分配，安置工位，甚至到简单的装修都自己动手。为彻底扫清这些问题的干扰，栾先生在北京房山长阳寻得一地，我们在2009年有了自己的扫叶园。基础建设持续了很长时间，栾先生也就此搬入扫叶园，每天伏案，指挥着学生们工作。"古典数字工程"项目在这一方天地里循序渐进，慢慢积聚，初具规模的人名、地名、日历、作品四大库在计算机上不停地跳动着。

面对已有的数据成果，栾先生说："咱们遵照钱先生意见建设的四大库已经成形了，基础功能也齐备了，应该做些实验，看看好用不好用，也好向钱先生报告报告。"于是开题:《中华史表》《乐经集》《老子集》《鬼谷子集》《孙子集》《庄子集》《列子集》作为第一批古典数字工程丛书的制作开始了。而后更有《黄帝集》《炎帝集》《太古帝王集》《太古臣民集》等三百种陆续出版。

2016年11月作者与栾先生合影

记得我们开始日历库建设时，栾先生拿出他在干校时的笔记说："钱先生当年就中国纪年的问题说，不可只依靠《竹书纪年》，还有一部很重要的典籍要记得，皇甫谧的《帝王世纪》。"而《帝王世纪》已佚失。我们先依据已完成的大数据进行辑佚，并用辑佚成果与其他历史记载相佐证完成了日历库，在此基础上又完成出版了《中华史表》。通过这次在古籍上的考古，确立了中华民族距今六千四百八十七年的记载，这是应用数字工程的新成果。这种突破还表现在作为中华文化源头著作六经之一的《乐经》的辑佚，让我们知晓乐随心动的音乐理论早于几千年前就存在的史实。而《老子集》等作品的出版成果，都是在原有基础上增加了翔实可靠的新内容。在整理过程中，栾先生从开题、程序设计、辑佚规则、内容把关，甚至到版式要求都全程参与。手把手地教，怎么实现人机交互工作。"钱先生早就说他有开拓万古之心胸。""还告诫我们'能帮助人的计算机，需要人的更多帮助'。""利用计算机，有了文献大数据，厘清文化家底就有可能了。"一点一点地讲："辑佚工作对文献整理是非常重要的。有了大数据，是比之前故纸堆里找要容易，但是怎么找，能不能找全，是有大学问的。""真正能明白这话的人也不多。"通常这时他都会发出爽朗的笑声。虽然先生由于长期伏案背已驼，但仍声如洪钟，而且伴随的永远是他坚定不移的目光。

钱锺书先生在 1998 年 12 月 19 日逝世，享年八十八岁。时隔二十四年，栾贵明先生在 2022 年 12 月 19 日逝世，享年八十二岁。他们似是约好了在天堂相会的日子！他们作为第一代数字人文的探路人、践行者，其思想之深，眼光之远，经验之多，是"古典数字工程"也是扫叶公司的精神食粮。写就此文，以寄哀思，就是要继承他们对中华文化的那份热爱、那份执着的追求、那份无私的奉献。他们留下的许多创见性题目，还有待我们一点点地完成。就如钱先生所言："拾穗靡遗，扫叶都净，网罗理董，俾求全征献，名实相符，犹有待于不耻支离事业之学士焉。"我们这些后辈一定会砥砺前行，不负在天上望向我们的先辈。

深深的怀念

陈瑞荣

又是一年春风暖。可从今年起，这温暖的春风再也吹不到他的身边了。

2022 年 12 月 19 日，寒冷的冬日伴随着新冠病毒，栾先生终没能抵过病魔的袭击，在钱先生故去二十四年后的同一天，与他的老师钱锺书先生在天堂相聚了。

初识栾先生，是在八十年代末的一天。那时好友田奕已在社科院计算机室工作，师从栾先生。因要去外地出差考察，我到北京站送行。那时出个差很新鲜，所乘的绿皮火车简陋而缓慢，不像现在有飞机、动车、高铁如此多的交通工具可选。

记得那是个深秋，天气已凉。我买了站台票，与好友聊着天等候一同出差的老师。突然耳边传来中气十足，声如洪钟的声音："你们早到了，抱歉我家有点远，所以晚了。"顺着声音望去，我看到一位穿着豆绿色派克大衣，身材魁伟，气宇轩昂的中年人。"这是栾老师。"田奕连忙介绍，"这是我朋友陈荣。"栾先生说："田奕，你的朋友不是叫陈瑞荣吗？怎么叫陈荣？"还没等我开口解释，"噢！明白了，瑞字饶舌，这样叫顺口。"我初见老师的紧张，被这平易近人亲切风趣的话语化解了。栾先生说："放心吧，我一定照顾好你朋友，完璧归赵。"随着就是一阵爽朗的笑声，我们相约着回京再见。短短的相识，开启了未来三十多年亦师亦友的征程。

因好朋友的工作关系，我与栾先生见面的机会很多，多到就像他们团队中的一员，并且在 2007 年我正式进入了扫叶工作。先生很喜欢与年轻人聊天，我也常向先生请教问题。先生丰富的学识、超前的思想、敏锐的观察以及兢兢业业、不计得失的忘我精神，深深地影响着我。所以我总是以先生的编外学生自诩。

2019 年 4 月 4 日在北京灵鹫寺

上世纪九十年代中，钱先生已生病住院。栾先生常谦称自己做不了钱先生的学生，只是钱先生的"助脚"，而今却开始着手钱先生《宋诗纪事补正》的工作了。我印象最深的是在办公简陋的筒字楼里先生伏案的背影。在没有空调的环境里，没有任何资金来源。炎热的夏天，先生穿着背心短裤，汗流浃背，挥汗如雨。寒冷的冬季，先生披着大衣，一边查书，一边做笔记。随着数据条目的增多，为避免在辑佚补正的过程中抄写有误，先生用自己的工资买了一台二手的佳能复印机（九十年代新佳能复印机非常贵）。常见他查书、复印、剪下、粘贴、写字，看到高兴处，就给我们讲解精妙所在，还回答我提出的各种幼稚问题。这种教导打开了我与文献古籍的一扇门，令我心生向往。虽然"中国古典数字工程"的建设是一条布满荆棘的路，而我受着先生的鼓励，学着先生的样子，遇事解决事从不叫苦，这是我后来在扫叶公司工作的真正动力。而一句"这是剪刀加糨糊的工作"让我觉着先生的"补正"之路真是漫长，但却充满着快乐。而我能做的就是打理行政外围，跑跑腿，成了真正的"助脚"。

上学时读朱自清先生的散文《背影》，从中感悟最多的是父辈的温暖。而留在我记忆中的栾先生的背影，不仅有父辈的色彩，也从中看到了他孜孜不倦的治学态度，一丝不苟的专注精神，更是看到了他的无私、坦荡和对钱先生的深情。如今他和钱先生的天堂相会，一定充满了笑声。愿他们在那里快乐！

每年都有春暖花开，金秋每年都会到来。无论冬夏，我们一定不辜负先生的教诲，认真做人，努力做事，更会将古籍文献的整理坚持下去，不让您失望。

栾先生，我们怀念您！

想念栾先生

任　红

我真心希望时间可以定格，永远不会收到离别的噩耗。2022 年 12 月 19 日周一，接到田奕老师电话，传来了栾先生去世的消息。同样是在一星期前的周一，得知先生急诊住院，心中祈祷老天保佑，祝福先生平安。没想到前后不过一周，从此阴阳两隔。

初识栾先生是在 1987 年，我在北京二十八中读高三，临近毕业。正值高考填报志愿，我因成绩不佳，被班主任劝阻放弃，说报了也考不上。恰好这时学校通知：中国社会科学院要招录入员。可以通过短期的培训考试，合格后就可录用。自此我成为栾先生的学生。

记得刚到社科院学习时，我们最先录入的文字内容是《全唐诗》。第一次看到计算机，第一次触摸键盘，第一次面对繁体字，第一次在唐诗中畅游，像掉进了魔窟，一切都那么新鲜，一切都来得那么突然。

当时的计算机非常昂贵，我们每两人共用一台，分上下午班。我们也没学当时流行的五笔字型，而是学了来自台湾的仓颉输入法。

然而输入法的学习于我却非坦途。首先是字根的背诵，还好；规则的学习，也还好；可把二者联系起来用就老出问题，所以工作数量质量总跟不上大部队，有时真的气馁。栾先生看到我的工作状态，一下子就发现我的指法不好，告诉我一定要苦练指法，说这是录入员的基本功。没办法我只能抱着键盘苦练，果真一段时间后，我的指法规矩了，输入法随之也熟练了，工作量也赶上了。这之后，我虽然调动到其他岗位，平时也要处理大量公文，但我始终没有放弃用仓颉输入法，一直到现在。

2006 年作者（左一）与栾贵明先生合影

而十八九岁，正是好玩的年纪。先生却总说属于女孩子的好时光不多，先别急着谈恋爱，一定要好好把握……在社科院看管图书馆都是要有学历的。平时先生总是敦促着我们。到了1988年，我们被集体放假一周，让大家复习课业，就近报考本院的业大。我们就这样被先生不停地赶着上进。

随着时间推移，我们大多考上了业大。《全唐诗》的录入工作也陆续完成了。这期间栾先生编写了很多程序，就此"全唐诗速检系统"诞生！那时候想查唐诗中的任何一个字都可以马上实现，神奇得要命。

项目告一段落，1989年4月院里为此召开了新闻发布会，"全唐诗速检系统"成为行业内的领军项目，备受瞩目。而我们的身份也由临时工转变成正式工。当时转正是需要指标的，在社科院转正尤为困难。记得为了给我们转正，先生多方奔波，在院内游说各级部门，让我们作为应用发展计算机的中坚力量留下来。那时候有很多院内子弟也是临时工，工作年头达十年的都有。所以社科院给我们这十四人集体转正，难度可想而知。后来听说各所纷纷向院里要指标，引起了巨大的轰动，其中的艰辛过往先生从未提起。

先生在工作上的认真和勤奋难有人匹敌。值班加班是常态，下班时间通常是夜晚的十点多（为了赶上最末一班地铁）。当时计算机室先后采购了激光打印机、胶印机等设备。先生都是亲力亲为，搬纸、裁纸、制版、调墨、上纸、印刷、装订一条龙。《人文电脑》报就是在那时出版印刷的，不多，共六期。"人文电脑"四个字是请杨绛先生题写的。

我们都知道先生在四十多岁才接触计算机，自学了输入法，还有BASIC语言。《全唐诗》的录入程序以及速检系统都是先生编写的。从不设密码，鼓励我们学习随便看，可惜大家都贪玩，能掌握的人不多。

在我们这些人中只有两三个男生，别看大多是女孩子，也是很淘气的。经常是几个人抬起个人找个由头，就在地上给蹾个屁蹲，多数是在屋里，好在屋里铺了地毯，被蹾一下也没什么大碍。有时候兴起还把人抬到大厅去蹾。有人为了躲避被蹾，爬到门上或钻到桌子底下四肢缠上桌腿，每次都折腾半天。每每这时，先生总是手夹香烟微笑地望向我们，眼中满是慈爱。因为分上下午班，我们晚上要七点以后才离开办公室。而社科院大楼的门到点就会上锁，大家为了进出方便经常跳窗户。食堂虽然是在院部的大院里，但需要从东门绕道胡同进出，进出还有武警站岗查证件。为了抄近路我们常走窗户，一次被院领导撞上了，大家只好原地站成排被批一通。也是栾先生赔笑认错，把我们领回去。

当时电话不像现在这么普遍，在每层楼道里设有电话间。打字累了，我们就会偷偷藏在电话间往机房拨电话，假装是传达室工作人员通知门口有人找……恶作剧层出不穷。先生看到偶尔问一下缘由，多数时往往就一笑了之。我们犯了错也会被骂，因为先生对工作和学习的要求是很严格的。

先生还根据我们各自的性格，给每人派了任务。有人负责排版，有人负责接待，有人负责会计，有人负责图书，我负责保管。当时计算机室在科研大楼一层西段办公，属于文学所的办公用房，我们转正改为院计算机室后，慢慢地整个西段都属于我们了。在楼道尽头放置着印刷用的纸张，是那种大件，需要大型裁纸刀多次裁切才能用于印刷。产于五六十年代的裁纸刀顶墙放着。门里是安全通道，最西段的楼梯从没有人走，楼梯下方放置了一个柜子，里面放了一些办公用品，如接线板、色袋、灯泡等，由我保管，楼道很暗，没有灯。一次推门的动作有些大，门上的玻璃被旁边印刷的木板撞上，碎了个拳头大小的洞。惹祸了，到先生面前叙述了经过，承认错误。没过一会儿又被先生找去，见面先生就大笑着说道，你真是个大侠，一拳就把玻璃打碎了……从此先生就叫我"大侠"。

社科院各个所都有图书馆，文学所是大所，当时的图书馆在科研大楼七、八层。我们办理图书证就可以借，那时候武侠小说风行，电视里也经常上演。当时只知道金庸、梁羽生，后来从先生口中知晓了武侠小说最好看的还有还珠楼主。为了提高我们的素质，先生请来许多大家为我们讲课，如北大的吴小如，所里的吴晓玲，电大的任梦等诸位先生。从文学到计算机，让我们长知识，令我们开眼界。

而且每年暑期都会让我们自己组织出去旅游。记得第一次我们去了承德，后来还去过白洋淀，当然在北京去的地方就更多了。1989年的时候还去过云南、贵州。并且组织到首都剧场看人艺的话剧，到小西天资料馆看外国电影展……知道了维也纳新年音乐会、柏林爱乐乐团……听到了邓丽君、猫王、卡朋特……先生在教导我们学习时，从不忘记我们年轻人的特点，给我们机会释放天性。我总是怀念着那段时光。

先生手巧，经常有文学所的老师来找先生修东西。我后来在文学所老干部室工作，很多年长的退休人员都提起过栾先生帮助修理东西的故事。记得我当时背着一个小的红色帆布包，是家人淘汰下来的，拉锁不好用，经常拉不上，先生就曾帮我修理过。先生的热心，先生的喜欢交朋友，先生的疾恶如仇、侠义心肠都是出了名的。

特别是他对钱锺书先生的热爱和追随，历历在目，那份心意一直伴随我成长。

……

随着计算机室的解散，先生回到了文学所古代研究室。一次周二返所，在楼道遇到了先生，忙请先生到办公室小坐。闲谈中我取出一本计算机室1989年印刷的《全汉字字库码表》请先生签字，先生写下了："任红同志：你曾经为此付出了光灿的青春年华，可志可歌。老师谢谢你！"我眼中泛起泪花。先生看到了我的表情，说了句"一切会好起来的"就离开了。这是先生留给我的唯一签名。

先生申请退休后继续从事古典文献项目的建设。先是与香港公司合作，后成立了扫叶公司。我在几年之后调到了老干部室，与先生联系就多了。对他的一些活动很关注，知道他们一路走来遇到的艰辛，取得的成就。在我眼中的先生依然还是那么刚毅果敢，干劲冲天。一天突然接到先生电话，我深感不安，唯恐惹祸给先生丢脸，忙请安。"大侠，好样的，好多老同志都说你……"还好还好，心一下就放下了。他严肃的话语里透着关切，声音听起来中气十足，但很温馨。那一刻，我觉得自己就是个孩子，被他的声音细密地包裹着，一直没有长大。

先生还多次说过，要我在文学所的环境下做一点自己感兴趣的题目，"有那么好的资源，别整天瞎混。资料我可以帮你……"我却让先生失望了。然而我在与先生的多次交流中感受到的关心，感受到的鼓励，都令我在工作的逆境中有力量坦然面对，这是让我终生受用的智慧和温暖。

如今想想先生离开我们已经四个月了。事实上，自先生患病起，他就知晓自己的病情。我常常与他通电话，闲聊外加给他宽心。我能感觉到先生是在孤独地、默默地向着黑暗的生命终点前行，以自己的方式与大家告别，这种勇气和毅力，难以想象。他又一次成功了。在住院后的一个星期，终于熬到二十四年后的 12 月 19 日，选择同月同日追随钱锺书先生的脚步，决然离去。

我，一直感恩上苍，让我遇见您，做您的学生！遥望星空，一切都是最好的安排！我会永远怀念您！

2023 年 4 月 19 日

最难忘的旅行

——记那年栾先生带我们游云贵

蔡文利

从校园走向社会，大多数人都怀着对未来工作的憧憬和不安。我很幸运，高中毕业就直接进入了中国社会科学院，并且接触到了上世纪八十年代最神秘的计算机，更有幸遇到了对我人生有很大影响的栾贵明先生。

工作两年后的 1989 年，我们在栾先生带领下完成了"全唐诗速检系统"的工作，并且在 4 月开了发布会。到了 6 月中旬，当栾先生宣布计算机室全体人员要去昆明参加中文电脑研讨会时，大家立刻兴奋地讨论起来。"昆明是春城，一定到处都是花。""这么远，需要坐很长时间的火车吧？""我知道那里还有一个滇池，听说可美了。"就像一群叽叽喳喳的小鸟，你一言我一语的，已全然不关心开会的议题了。栾先生坐在旁边一边吸烟一边笑眯眯看着我们，说："到了那儿，可不要哭鼻子想家啊！"……两天后，我们一行二十多人跟着栾先生，从社科院走到北京火车站，踏上了南下开往昆明的列车……这是我工作以来的第一次远行。

上了火车，栾先生为我们都安排好了卧铺。能一次买到这么多的卧铺票，并且床位都挨着，老师们一定是想了很多办法。八十年代还是那种绿皮火车，速度很慢，到昆明需要乘坐近六十个小时，所以在火车上要睡两三晚。6月的天气已经转热，越往南方开越热。硬卧车厢的顶篷上都装有摆头式电风扇，但风力不足，很难吹到下面，只能靠开窗缓解闷热。车窗要双手同时按住锁扣往上用力提才能打开。我们女孩子多，手劲不大，需两人合作提起。栾先生一人就打开了很多扇车窗，同时提醒我们，只需打开一半，外面的噪声和灰尘很大，最重要的是不要吹感冒了。

车上的时间看似漫长，但人多热闹，印象最深的是我们分拨打扑克，一起打六家，就是三对三的团体对战争上游，别看玩法很简单，但需要三人的默契配合。谁都愿意和栾先生一组，因为总能跟着吃上贡，并且先生在气势上很能带动队友，出牌时手拿着牌重重地拍在铺位上，声音洪亮地说："你们管不了吧？""好么，这手牌厉害了！""我们拨儿的先拿头贡！"……车厢里还围着很多看热闹的人，笑声、欢呼声此起彼伏，早已忘却了坐火车的烦闷。

到达昆明时，没见到来接站的云南社科院的林沧老师。大家很紧张，有些担心。栾先生想了一下，冷静地说："来昆明，常有计算错火车到站的事。咱们先在车站附近的旅馆住下，明日再来。"第二天，当我们来到火车出站口时，果然看到了在那踱步的林老师。为了赔罪，当晚林老师就请我们吃了云南特色小吃"过桥米线"。米线浓郁鲜美的味道，每每想起都会在我的口中回旋。后面几天在昆明，只要遇到米线，我们都不会放过。

然而，因为一些特殊原因，原定我们作为主办方的研讨会取消了。栾先生笑了，"不开就不开吧！交流来日方长！难得大家可以到处走走看看。"于是我们乘坐林老师安排的面包车去了九十多公里外的石林。

汽车到达石林时已经晚上九点多了，附近的旅馆没有一间空房。大家面面相觑，不知如何是好。想想我们这一群半大孩子真是少不更事，所有的困难都等着栾先生来解决。栾先生安慰着说："不用怕！今晚大家在面包车上凑合一宿。现在增加一个活动：我带你们去夜游石林，好不好？"这个让人意外的决定得到了所有人的响应，我们高声地笑着、叫着，拍着手。

说去就去，一群人脚步轻快地来到石林公园的大门口，门已上锁，望着两米多高的铁栅栏门，不知怎么办。"我们翻过去！"栾先生小声指挥着。铁门的栅栏间为了牢固焊接了一截一截横着的铁条，正好帮助我们手抓脚踩地爬上了铁门，有快有慢地翻进了公园。栾先生最后进来，感慨地说："别看你们年轻，我的身手也是不差的。"三十多年前的石林公园，晚上是不对外开放的，更没有如今五光十色的灯光点亮。那晚的月亮很皎洁，满天的星星，我们借着月光在奇石林立的山间穿行，兴致盎然，仿佛在探险寻宝一样，有时需要低头弓腰地钻过山洞，有时又屏住呼吸侧身挤过极窄的隘口，深一脚浅一脚地上下台阶。每座奇峰怪石在夜色和月光的映衬下，都勾勒出鲜明的线条和富于想象的剪影。我们来到一处较为开阔的地方，眼前有一片小石林，那就是著名的阿诗玛景区。放眼望去，月色下看到一个背背篓的彝族姑娘伫立着，姿态优美，温婉神秘，倒映在湖中的轮廓犹如涂上了色彩，诗意又朦胧，不禁想起电影《阿诗玛》

风情的画面、嘹亮的山歌，令人兴奋，也令人陶醉，使人浮想联翩。

之后一步一回头地出园，居然迷路了。转啊转！大家不自觉地牵起手，围着一片湖水转了好多圈才走出去，就好似阿诗玛在挽留着我们。在南方那个月夜，那迷人的空气啊！味道清甜，温暖细腻，像极了那晚我们手拉手的温馨感觉。

当大家拖着疲惫的身体和兴奋的心情回到车上，靠着座椅很快进入了梦乡。那一夜我们睡得很沉，即使车里的蚊子在耳边嗡嗡叫着，也顾不上理会。第二天公园开门，我们购票进入，在耀眼的阳光照射下旧地重游时，站在那儿的阿诗玛依然背着背篓，没有了披星戴月，看上去温婉的她也没了月光下的神秘，记忆中的那个美丽姑娘消失了。很多年很多年，我再也没去过石林，而那次夜游中的阿诗玛是定格在我的脑海中了。我知道，那是我的阿诗玛，那是栾先生带给我的阿诗玛。

之后，我们在昆明待了三四天，栾先生就带着我们来到了贵阳，这里也给我们留下了很多美好的回忆。记得来到贵州安顺，看到黄果树大瀑布时，瞬间我们就被眼前壮观的景象震撼了，真是"飞流直下三千尺，疑是银河落九天"的奇异景象。书本上的诗句被翻成了图画，我们兴奋得从瀑布下浅处河水中的一条小路蹚过，很快站在了水中。忽听远处的栾先生在山坡上喊"不要动"，循着声音望去，见栾先生从摄影商贩手里接过单反相机，远远地给我们拍下了一张画一样的照片。至今，我还保留着这张珍贵的摄影作品。在八十年代，有相机的人不多，如果有也是当时被称为"傻瓜"的普通照相机，那时我们才知道栾先生其实还是位摄影高手。

　　多年以后，我成家有了小孩，给他安排第一次乘飞机旅行的地方就选择了云南。我带他来游玩石林，给他讲那一晚的经历，那晚的心境。我知道他不懂，但我很想让他了解一下他的妈妈在游玩记忆中最深刻的地方。随着年龄的增长，旅游成为我生活的一部分，国内外去过很多地方，看到了美景，品过了美食，体验了很多风土人情，让我最流连忘返的还是跟随栾先生的云贵之旅，夜游阿诗玛成为我最难忘、最美好的回忆，这可能就是后来激发了我对旅行热情的源头吧！

栾先生常说：去查《管锥编》

陈　飞

1990 年底，电视剧《围城》播出，这是我第一次知道钱锺书先生。1995 年夏，我有幸加入栾贵明先生的团队，从事"中国古典数字工程"的建设工作。当得知钱先生是栾先生的老师后，这是我第一次感觉自己距离一位"大人物"是那么近。某个周末，我去琉璃厂逛中国书店，看到一套中华书局版的《管锥编》(全五册)，署名"钱锺书"，这是我第一次知道钱先生有这样一部著作。

我从书架上抽出了一册，打开翻看，当时就蒙了。满篇密密麻麻的繁体字，不认识几个，有如天书一般。虽然看不懂，我还是将这套书买了下来。第二天见到栾先生，问起这部书的情况，栾先生说："这部书你先不要看，你还看不懂。不过，如果你努力，将来也许能看懂。"于是我把这部书放进书柜，这一放就是十五年。

到了 2000 年以后，"工程"建设初具规模，栾先生开始利用"工程"大数据编辑《子曰》一书。"工程"的副产品——"万人集"系列由此拉开了序幕。随后，《老子集》《列子集》《孙子集》等书也进入制作流程。在"万人集"的编辑过程中，经常会听栾先生提及一句话："拾穗靡遗，扫叶都净。"当时我只知道"扫叶"公司的名字是源自此语，但对这句话的来历和深意并不明了。终于有一次，栾先生很正式地跟我讲："这段话是钱先生写在《管锥编》里的，当时我在场，钱先生写完后，郑重地一字一句地念给我听，这是钱先生给我的赠言。"

于是我打开电脑中《管锥编》的文档，想看看到底是怎么回事。找到相关章节，对着屏幕匆匆扫读了两遍，磕磕绊绊地顺下来，结果是半懂不懂，反复再看，仍然一知半解，心里越发地焦躁起来，读不下去了。晚上回到家，脑子里始终盘旋着这件事，不甘心啊。于是打开书柜，拿出那套久违了的《管锥编》，擦拭去微微的灰尘，坐在灯下，翻到位置，静心地阅读起来。

此时的我，已经具有十五年古典文献的整理经验，在栾先生和田奕老师日积月累的教导下，被中华传统文化熏陶浸染，潜移默化得不再是原来的我了。重新面对这部书时，那些文字是那么熟悉亲切。只读了一遍，白天所遇到的种种卡顿和关隘，竟然畅通无阻，顺利突破。实实在在地体会到什么是豁然开朗，欢快和喜悦的心情无以言表。由此也明白了，像《管锥编》这样的著作，是应该"读书"的，电子文档只是提供检索查找的帮助。

"拾穗靡遗，扫叶都净"这段话，钱先生写在了《管锥编·全上古三代秦汉三国六朝文·总叙》（简称《全上古文》）的结尾处。从篇幅上看，《管锥编》全书的百分之五十论述的是《全上古文》。该书是由清代学者严可均主持，历时二十七年编辑完成。这部书对先秦到隋代的古人作品进行了大量的全方位的辑佚。"辑佚"是中国古人学术研究的一个常见的方法，但是像《全上古文》如此宏大规模的辑佚，应属首次。严可均为此书撰写了简短的《总叙》，钱先生通过对《总叙》的论述，指明两点，一是肯定了严可均的编辑理念——"辑佚"："严书于古籍之目存而书已亡者，必为补辑，如桓谭《新论》是；于书尚存而有佚文者，必为拾遗，如应劭《风俗通》是。"第二，由于方法技术等条件所限，《全上古文》也有缺憾，那就是"漏辑"。

所以，钱先生在此节最后，特别写下："拾穗靡遗，扫叶都净，网罗理董，俾求全征献，名实相符，犹有待于不耻支离事业之学士焉。"

古籍辑佚是一项支离琐碎的事业，就像拾麦穗、扫落叶，要"靡遗""都净"，网罗整理得全面完善。这就是扫叶公司建设"中国古典数字工程"的基本原则和方法。

第二天，我把书带到公司，放在案头，并向栾先生作了简单的汇报。栾先生笑了，什么也没说。从那以后，每当我遇到学术上的问题去向栾先生请教时，栾先生总会说："去查《管锥编》，看看钱先生是怎么说的。"有趣的是，大多情况下，都能在《管锥编》中找到答案或者线索。渐渐地我明白了，其实栾先生在学术研究上，也是会经常查阅《管锥编》的，只是以往时候未到，如今才把机宜传授给我。

为了方便阅读，我又买了三联书店版的《管锥编》放在床头，入睡前、节假日均可翻阅。《管锥编》中有许多篇目还是读不懂的，我只好挑着看，由浅入深。《史记》和《太平广记》这两部分故事性强些，先读；《周易》《诗经》等部分理论性强，放在后面。如果结合我的实际工作去阅读，效果往往更好。几年下来，收获颇为丰富。

"万人集"系列丛书还有一条编辑原则：先秦时代的人物，不仅收录其著作，还要收集其言论，并且编入集子中。这种情况在编辑《太古帝王集》《太古臣民集》时尤为明显。"言论"也要收入集子？这些对话靠谱吗？可信吗？对于我的这些疑问，栾先生还是那句话："去查《管锥编》。"成竹在胸，信心满满。

果真，我在《管锥编·左传正义·杜预序》中查到了钱先生关于古人言论的观点。

钱先生先对《左传》记录言论作了评说："吾国史籍工于记言者，莫先乎《左传》，公言私语，盖无不有。"

《左传》可以说是中国历史上最早记载大量上古先秦人物言论和事件的史书，这是个源头。

然后钱先生抛出疑问："上古既无录音之具，又乏速记之方，驷不及舌，而何其口角亲切，如聆謦欬欤？或为密勿之谈，或乃心口相语，属垣烛隐，何所据依？"

是啊，上古时代，没有录音设备，又缺乏速记的方法，很多对话都是私密之语，却被记录下来，有什么依据呢？

钱先生又找出一位同感者——纪昀。纪晓岚在《阅微草堂笔记》中也提出同样的疑问："谁闻之欤？"

钱先生还提出一个文化现象："明清评点章回小说者，动以盲左腐迁笔法相许，学士哂之。"

那些明清小说的作者们经常自夸，他们写小说的笔法是在效仿左丘明和司马迁。然而学者们对小说家的这种说法是很看不上的。

由此，钱先生把小说中的对话和史书中的言论作了比较评价：

史书："史家追叙真人实事，每须遥体人情，悬想事势，设身局中，潜心腔内，忖之度之，以揣以摩，庶几入情合理。"

小说："小说、院本之臆造人物、虚构境地。"

所以钱先生结论："《左传》记言而实乃拟言、代言。谓是后世小说、院本中对话、宾白之椎轮草创，未遽过也。"把《左传》中的言论比作是后世小说中的对话是很不合适的。

最后，钱先生指出，中国文献如此，西方文献也如此："古罗马修辞学大师昆体灵称李威史纪中，记言之妙，无不适如其人、适合其事。黑格尔称苏锡狄德士史纪中，记言即出作者增饰，亦复切当言者为人。"

读懂了钱先生这一段论述，我也终于理解了栾先生所制定的原则。先秦时代没有纸张，文案工具简单粗陋，留存的资料远远少于后世。言论也是最直接表达出人物思想内涵的一种方式，"万人集"予以收录，可提供给读者更为丰富全面的历史资料。

通过对《管锥编》的反复阅读，我渐渐发现，《管锥编》早已为"中国古典数字工程"的创建指明了方向，解决了难点，破除了障碍。这恐怕不是巧合，而是钱先生一以贯之的学术思想和方法。栾先生则是对钱先生的学术思想和方法"绝对"地信服，对钱先生规划的课题和原则"绝对"地执行，始终如一，百折不挠。

栾先生追随钱先生三十余年，常自比为子路。"子路之勇"举世闻名。钱先生自称有"开拓万古之心胸"。此语出自《宋史·陈亮传》，全句是："推倒一世之智勇，开拓万古之心胸。"钱先生占后半句，而栾先生则占前半句。这一点不夸张，栾先生的刚毅之心，勇猛之节，我感佩之至。

怀念栾贵明先生

景　祥

　　我与栾贵明先生相识有十七年了。去年我听同学蔡晨瑞说先生去世了，我完全不相信，后来又向田奕老师确认，才知消息确实，不禁悲从中来。栾先生是古典文献研究学者，也是我在古典文献、历史地理、古典文学方面的引路人。这段时间，栾先生的音容笑貌总是不断地浮现在我面前。

　　我与栾先生是 2006 年相识的。那年 5 月 1 日，我与同学蔡晨瑞一同去苹果园拜访栾贵明先生、田奕先生。栾先生问我："你是文学好还是历史好？"我说："文学历史都知道一点儿。"栾先生又问："你偏重哪一方面？"我说："偏重历史，地理又侧重一点。"接着栾先生又问我读过什么书，我一一作答。栾先生问我学习、研究历史的根本原则是什么，我说还历史本来面目，实事求是。

　　栾先生后来把"中国古典数字工程"的地理部分交给我整理。从 2006 年开始，我先后整理了二十四史中的二十史和《资治通鉴注》中的地理部分、《元和郡县图志》《元丰九域志》《读史方舆纪要》等等，一直整理到 2008 年初才完成。

以后就一直跟栾先生交流，电话交流的居多，多以我求教为主。栾先生不论我提的问题简单还是复杂，总是不厌其烦地解答，引经据典，把问题讲透。交流的内容也多以文献、地理、水道、古典散文、诗歌、治学方法居多。我也从中受益匪浅，以后读书的过程中也不知不觉地应用上了。

谈及上古史，栾先生认为一定要重视皇甫谧的《帝王世纪》。《竹书纪年》的问题很复杂，且缺失过多，今本为伪书，多不可信。《史记》自黄帝开篇，以后夏商周三代记载又很简略，三皇以上付诸阙如。皇甫谧得异书，所做《帝王世纪》记录得相对较准确，且世系年数较完整。后来做《中华史表》时就多有采择。

关于文献流传的问题，栾先生认为古典文献流传到现在有五种方式，一是原文献流传至今，如《史记》《汉书》《十三经》等，虽非原本流传，但主体内容都流传下来了；二为辑佚，原文献流传中散佚，后人通过辑佚后流传至今；三为出土的书籍简册，原文献流传过程中失传，后人在出土文物中整理出来重新流传；四是出土的甲骨文、金文、墓志、石刻等；五是流转，上古圣人之言、三坟五典等，虽然未成文献，但经过口耳相传，后经古人记录在各自的著作里流转至今。

关于文献的使用，栾先生认为，有些是记录的通常情况，有些则是记异，一定要分析清楚，如果使用反了，则会得出相反的结论。再一个就是通过阅读研究文献得出结论，不要先有假设，再找材料求证，这样很容易得出一个错误的结果。在没有掌握完整、准确的材料之前，不要过早地下结论，或者就不做结论。

以上文史知识、治学方法使我受益匪浅，改变了我以前读书只求大略、不求甚解的习惯。讲解历史、地理时，也学着讲明出处，慢慢养成了习惯。

后来，他与田奕先生成立了扫叶公司。我就问他名称的缘由，是不是如秋风扫落叶，一叶不落。他哈哈一笑，说这是引用古人"校书如扫落叶，随扫随落"的含义，随后就讲了扫叶山房刻书的掌故。并说钱锺书先生也为"古典数字工程"题词：拾穗靡遗，扫叶都净，网罗理董，俾求全征献，名实相符，犹有待于不耻支离事业之学士焉。

公司搬到长阳后，我去过两三次，都是在夏天，那里绿意盎然，犹如京都边上的世外桃源，门外朴实无华，院中别有洞天。书韵与电脑共生，员工和谐相处。"中国古典数字工程"就在这里成长，《永乐大典本水经注》《中华史表》和"万人集"的一部分就从这里走出。

栾先生从不以大家自居，他是个热心肠的人，对我这个小人物、"业余"爱好者也十分关心。而我仅以对古典文学、历史地理、传统文化的兴趣爱好支撑着读了二三百本书。记得第一次见面时要我做自我介绍，也不问我学历如何，所学专业如何，只是问我读过什么书，读的程度如何，读书的目的是什么，治学的原则是什么，这让我便没有了初次见面时的局促，能有条不紊地一一解答。再到后来就很自然了。后来读书过程中有疑问，百思不得其解时总是第一个想到他，向他求教，总能得到圆满的结果。他总是问我最近在读什么书，并给指点，令我受益匪浅。

后来由于单位改制，我工作开始繁忙，2016 年以后没再去过北京，电话联系问候求教得多，再到后来我就到项目上了，工作也调整了，施工期紧张，再加上三年新冠疫情限制，更去不了了。去年想着进京看望，谁知项目所在地疫情紧张，连回家都成奢望，进京更不可能，再到后来就传来栾先生去世的消息。

　　与栾先生交往，使我受益良多，给我留下了深刻的印象，栾先生将永远在我心中。

知命不惧　微芒不朽

　　转眼间，恩师栾贵明先生离开我们已经五个月了。我有机会师从栾先生，既是机缘巧合，也是冥冥之中早有定数。从 1991 年 7 月算起，至今已有三十二个年头了。我也从一个十八岁的毛头小伙变成年近五十岁的中年大叔。单从时间上来看，我可以说是"中国古典数字工程"的全程参与者。我的父亲董衡巽先生是栾先生的挚友，两人常以兄弟相称。他们二人均是钱锺书先生的学生，而我在很小的时候就认识钱先生了。

　　1991 年社科院计算机室招收学员的消息就是我父亲从钱先生口中得知的。我本人爱好文史，尤其喜欢唐诗宋词，一得到消息便欣然前往，顺利地被录取了，开始师从栾贵明先生的学习生涯。

　　"用计算机来处理中国古典文献"，这个设想是有个故事的。钱先生的女儿钱瑗老师于上世纪八十年代初在英国做访问学者回国后，带回了英国人用电脑处理莎士比亚作品的消息。1984 年钱先生开始指导栾先生用电脑处理中国古典文献。1986 年栾先生就在电脑上完成了《论语数据库》。而后仅过了两年，也就是在 1988 年，栾先生率领一支平均年龄不足三十岁的青年军完成了"全唐诗速检系统"。同年，获得中国社会科学院优秀成果一等奖。两年后的 1990 年，该项目的"中国古典文献计算机处理技术"获得"国家科技进步奖"。同年，中国社会科学院计算机室成立。

栾先生是 1940 年生人，也就是说 1985 年开始接触电脑的时候，已经四十五岁了。用现在的角度来看，程序员或者是软件工程师，三十五岁就已经是从业的上限了，这还是建立在十八到二十岁开始系统学习计算机专业的基础之上。而栾先生四十五岁才第一次见到微机（AppleII），而仅用了短短五年时间就获得了"国家科技进步奖"，简直是奇迹。

众所周知，"国家科技进步奖"在我们国家是自然科学领域的第一大奖。而古籍整理则是公认的人文科学领域的重点学科。以常理看来，与中国科技进步奖没有任何关联。但是栾先生在钱锺书先生的指导下，开创性地将计算机技术与古籍完美地整合在一起，从而创造出了这样一个奇迹。同时栾先生也成为人文科学领域获得中国科技进步奖的第一人，名副其实的 No.1。

讲到这里，诸位一定会认为今后的发展是百尺竿头——更进一步。然而，这种高速发展的势头在 1995 年戛然而止。院计算机室解散，全部研究成果交回院里。命运给了栾先生重重一击，然而栾先生并没有被眼前的困难吓倒。建设"中国古典数字工程"的脚步从来就没有哪怕是一分钟的停滞。计算机室解散后，栾先生就开始筹备以个人身份重新开启"工程"建设。2000 年他退休了，带着一个小团队正式启动"工程"重建。2007 年成立北京扫叶公司，队伍日益壮大。这种"一万年太久，只争朝夕"的忘我精神，在1991年至1993年两年的学习期间，我有着深刻的体会。这两年来无论是清晨还是深夜，严寒还是酷暑，我从来没有见过休息中的栾先生！他永远在工作，奋战在计算机前。

上文提到，由于我父亲的原因，我很小的时候就认识钱先生了。那时候，我经常把钱爷爷、杨奶奶挂在嘴边，几乎天天去二老家里肆意玩耍。做过不少现在看起来很荒唐的事情，用自制小弹弓打钱先生的额头，天天乐此不疲地玩当时还很稀罕的抽水马桶，直至被我玩坏。而我也因此被杨奶奶拉入"黑名单"，在之后相当长的一段时间里被"拒之门外"。由于这个便利条件，曾经听钱先生说起，我父亲和栾先生都是聪明人。既然都是聪明人，钱先生为什么选择栾先生作为"中国古典数字工程"的执行人，而不是我父亲呢？我想心志是主要原因之一，尤其是在逆境中的那种不屈不挠、不达目的誓不罢休的精神。

上世纪七十年代末八十年代初，我父亲主持编写《美国文学简史》，而我父亲大学时代的老师——朱光潜先生，则反对出版。朱先生认为我父亲当时的水平不足以驾驭这么大一部书，应该先把美国各个时代的作者研究透彻。那个时候我父亲是十分焦虑不安的，如果没有钱锺书先生的支持与鼓励，《美国文学简史》很有可能无疾而终。而这种形式的困境同栾先生在创建"中国古典数字工程"道路上遇到的各种困难相比，也许根本就不算事！

动手能力强也是一个重要原因。栾先生在工科领域真是天赋异禀。包括电视机、洗衣机、电冰箱在内的各种家用电器甚至是配电室，栾先生都可以独立完成维修。上世纪七八十年代，栾先生曾经购买了很多电视机的全套配件，利用业余时间独立完成了组装。然后，将自己组装的电视机送到北京某维修中心称有故障需要维修。店员在未拆机的情况下，竟丝毫没看出电视机是个人组装的产品！

栾先生性格刚勇，是非观极强。对于"中国古典数字工程"的每一个细节都要求得十分严格，"大概""可能""也许""差不多"，这类说法是栾先生最不能接受的，同时也是最痛恨的。在栾先生看来，数据只有做好了和没做好这两种情况，任何模棱两可的东西都是糊弄。正是这种严谨的作风，"中国古典数字工程"才有今天的成功。也是追随先生工作这么多年，才体会到没有任何一种成功是偶然的，是不劳而获的。都是 99.99% 的耕耘，再加上成吨的汗水浇灌出来的。

栾先生虽然走了，但是"工程"建设依然在如火如荼地继续，栾先生的学术思想和精神会一直在。我相信，他会引领我们和"工程"走向更大的成功。

叩谢恩师

冯　静

先生毕生治学严谨，态度清朗。从小幸得先生教诲。三十余载，心怀惭愧。而今，只能于中华六千年的万卷笔墨间，再寻先生印记。这一纸书信，叩谢师恩，我想先生定能看到。

落笔尽是泪。

知您西去，是在回家的路上。父母感染了新冠病毒，安顿好他们二老，想着问问您和田奕老师的情况。田老师秒回了信息，说先生走了……

那一夜，撕心裂肺的痛哭与遗憾。未能榻前侍疾，欲报师恩，愿已成空。汉文刻本大藏经索引库去年刚刚整理完成，一直想呈给先生看看，勉强算是交份作业。耽搁下来，却再无此日。

先生，您给我们讲的第一课是《说文解字》中的"丨"字，您还记得吗？是您带着我们第一次翻开《大藏经》；是您把浩瀚的中国古籍展现在我们面前；图书和刊物的制作，是您一步一步带着我们完成。年少无知的我们，不知道得遇明师是何等不易，而今知道的时候，您却不在了……三十年啊！无以为报的遗憾，像是在心中割开了一道深深的口子，难以弥合。

先生，您可能不知道，您的勇敢与笃定，一丝不苟的求真精神和充满灵动的思考，对于一个少年而言，足以成为其一生用之不竭的财富。在您身边的耳濡目染，日渐成为我工作的标准和原则，佛学的种子也就此种下。离开您的岁月，从商业到公益，冥冥之中又回到《大藏经》的基础研究。每每遇到困难，浮现在我眼前的始终是一幅画面。您站在计算机室的门口，半推开一扇门，回过头来对我说："在你喜欢的领域做到最好！"当时楼道里没有灯，傍晚的阳光也没有那么亮，但是我却分明看到您眼中的光。尽管步履维艰，正是因着这句话，从不敢止步不前。

我知道，您是不惧生死的。但我依然在佛堂为您点燃了一盏灯，希望可以照亮您独自前行的路，依然请了五台山普寿寺和理塘格木寺的师父们为您诵经回向。有一天早晨，我梦到在一座高高的山顶上，您给我们讲了最后一课，这节课好长，我们送您离开已近黄昏，大家很是不舍，您笑着和我们讲："你们不要这样，我很快就回来。"转身之间，再不见您的身影。数数日子，刚刚过了七七。

先生，佛学经典是汉文古籍中最重要的翻译作品，加之历代高僧的本土著述，我们当全力以赴，详加整理。遇到困难，我们会请益田奕老师，一路同行。

今天，我们更需要真正的学者与导师，以及真实不虚的学问。

先生，请速去速回。

学生　沁茗叩首

癸卯年春

一片思绪

许 杰

闲日在家偶翻出一本《小说逸语——钱锺书〈围城〉九段》，看到栾先生的亲笔签名（签名时间 2018 年元月 17 日），顿感思绪难平。独有一种音容昨日笔难书，浮华一梦青山寂的深切感受。想起与栾先生的过往，仿佛于昨天。

记得第一次见栾先生，还是在房山区的"扫叶园"。正是五月，满园春色，绿叶青翠的核桃树，泛着点点白花的枣树，果实压低着枝头，以及园子一角青青耸立的翠竹，一切都那么生机盎然。有些胆怯的我小心翼翼地走进先生办公室，正对门口就是装满书的大书柜，左侧临窗的台子上放置了几盆绿植，右侧宽大的办公桌前，坐着一位头发花白却精神矍铄的老人，正笑盈盈地看着我。局促不安的我一时不知怎么打招呼。栾先生或许看出了我的尴尬，笑着说："不要紧张，我知道你今天来找我所为何事（当时我家小孩要在暂住地上小学，而附近的公立学校以各种理由拒绝接收）。这事我已跟房山区教委联系过了，过段时间等学校开始新生报名，你直接去找董校长就行了……"听栾先生讲完，忐忑的心终于放下了。当时怎么回到的家，我都已记不起了，可能是听到如此大的好消息给激动的吧！（尴笑）

后来我就成了栾先生那里的常客。聊天时，他时而引经据典地谈论当今社会之怪现象，时而又幽默风趣地讲述人生百态。他严肃起来时，让人心生畏惧，可有时候又像个顽童般赤诚，俏皮可爱。在我心中，他就是这样一位学识渊博、幽默风趣、和蔼可亲的老人家。栾先生本是京城世家子弟，1964年毕业于北京大学中文系古典文献专业，青年时得遇恩师钱锺书先生，此后一直追随钱老，并开启了"中国古典文献数据库"的伟大事业。他兀傲独特的气质和方正凌厉的个性，使得他茕茕独立，但又甘于寂寞，且谨小慎微。淡泊名利，坚守做人底线，力求中庸稳妥。大凡遇争议之事便与他的恩师一样"笑而不答，不屑明驳，不作辩解"，默默做着他一生所追求的事业。这一干就是几十年光阴，其间经历了诸多的辛酸无奈和打击，但在他的努力和带领下，最终坚持了下来，且成果丰硕显著。

栾先生始终认为中国文化是由许多个体共同建立起来的，我们要像扫落叶一样，把这些碎片收集起来，不能遗漏，也是继承钱锺书先生的"拾穗靡遗，扫叶都净，网罗理董，俾求全征献，名实相符，犹有待于不耻支离事业之学士焉"的精神初衷。这项工程将是全国独一无二的文化平台，对传承弘扬中华文化，研究中国乃至世界人文发展，将产生深远影响的伟大事业。他的一生都专注于"中国古典数字工程"事业中，从不讲个人得失，孜孜不倦地做着本应是全社会共同来完成的事，先后编纂了《永乐大典索引》《全唐诗索引》、"中国古典数字工程丛书"等在学术界具有深远影响的著作。这种忘我的敬业精神何其光荣与伟大。

撑起一片天，胸宽纳万船；深思通四海，俗报伴千年。栾先生离开了我们，离开了他钟爱一生的事业，但他生前所从事的事业并不会停歇。我们深缅先生的人格魄力。无以告慰，写此短文，以表对先生的追思，望先生笑眠。

清明感怀

崔昌喜

几次动笔都被搁浅，千言万语如鲠在喉，却不知如何说起，想想还是从头讲吧。

2001年，在北京花市上三条一处古老的四合院里，第一次见到栾贵明先生。其实这是我第二次来。很奇怪，上次来的场景全无印象，只模糊地留下胡同深处，推开木门，别有洞天的惊诧而已。春末夏初的一个午后，阳光透过枝叶，斑驳地落在树下坐着的长者身上，他略带笑意地看向我。总是会忆起这一幕，因为那种美好温馨的感觉一直陪伴着我。跟随栾先生工作二十余年，在他身边觉得自己就是个孩子，永远长不大的孩子。

刚加入扫叶团队时，公司名称还是北京中文贰仟，隶属香港文化传信集团。依照惯例，每位新晋员工，都要从仓颉输入法入门。那时计算机还没有普及千门万户，换言之，对我来讲，计算机是个熟悉又陌生的物件，除了大学里有限课时的"微机课"外，很少能再碰触到了。当一个个优美的汉字，随着指尖跳动而跃上屏幕时的满足和快乐，至今都未曾退去。也因此常常对如今年轻人工作时，偶尔显露出的枯燥感到不解，进而感慨伴随着电子产品长大的他们，再也无法享受到我那时的欢愉。我接受专业录入训练时间不长，至今"指法"水平还很稀松。因为我很快就被栾先生找去做唐诗查重工作。始终没想明白，我一个理科生，文学底子并不好，又是新手，他老人家咋就选上我了呢。不过当时并没有这种觉悟，先生让咋干，就咋干，从未考虑能否胜任，无知者无畏呀。在三册厚书上，密密麻麻地用铅笔标出校勘内容。我所有做笔记的地方，先生都会认真核检，会指点、批评，甚至小小惩戒，当然偶尔也能得到首肯。

或许查重工作完成得还算尽如人意，很快栾先生又布置了新作业。给我一本《微型计算机 IBM-PC 实用指南》，让我自学 BASIC 语言编程。毫不夸张地讲，这书于我，与天书无异。摸不着头绪，便向师兄、师姐请教，按着教程上的内容试验，稍有些心得后，再找来先生写过的短小程序（复杂的根本不敢看，有过编程经验的人都懂，看别人写的代码，有时比自己敲还难），依葫芦画瓢似的模仿，慢慢地寻找到了编程的快乐。那是另一种想象照进现实的快感。虽然先生用 BASIC 编程的高度，我永远无法企及，但利用简单数行语句，就可以解决工作上遇到的重复且烦琐的问题，还挺有成就感的。随着计算机行业迅猛发展，BASIC 早已淡出历史舞台，先生却一直坚持使用。他二十多年前编写的"中国历

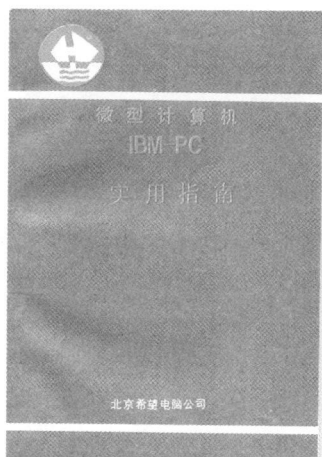

史日历检索系统"对日历的完美呈现，至今堪称精彩。也因此常常被我们这些学生后辈拿出来，向来访的客人炫耀一番。

回头想来，在香港文传那几年，栾先生和田奕老师应该是我认识二位师长以来，他们身上担子最轻的一段日子，不必为"柴米油盐"、员工生计这些"俗事"分神，可全身心地专注于"中国古典数字工程"建设这一件事上。了解扫叶的人都知道，它的"前世"曾风光无限，也历经磨难，它的"今生"也曾一路清贫，步履维艰。最艰苦的时候，为了省下高昂电费，在酷暑难耐的夏日也舍不得启动空调，布满书稿的办公室又不便用风扇降温，只能汗流浃背地工作，实在太热，就摇几下纸扇应急。那时的栾先生，手里也常常挥着把折扇。住平房，扇子还肩负驱蚊的功能，真是工作、生活必备良物。以至于后来，我们办公室的四个人练就了夏日室温不到三十多度就不开空调的本领，也算因"祸"得福了。

为开源节流，我们在房山长阳的扫叶园里种过菜，养过鸡，卖过蛋。每每与人谈起此事，对方都显露出一副难以置信的表情，我们只回以淡淡一笑。那些往事如今品来，留下的从来都不是苦涩，而是不轻言放弃、更懂珍惜后的回甘。即使在那么"穷困"、财务赤字的情况下，栾先生和田老师宁愿自掏腰包垫付，都不曾拖欠过员工一分钱工资。这也是为什么"中国古典数字工程"可以持续近四十年而屹立不倒，除了它是经得起岁月检验的、科学规划的项目外，还因为有好的带头人，不仅在学术上，更是在做人做事上。

常跟朋友开玩笑说，我的职业轨迹两点一线，就是出了校门，再进"校门"，扫叶于我是另一所学校，"中国古典数字工程"就是我的专业课。一路走来，被先生和老师们呵护得很好。栾先生是扫

天下秋隨一葉來

龐志華

《說文解字》云："葉，艸木之葉也。"一片樹葉，于一棵大樹，是極小部分；于一片森林，更微如塵埃；于華夏大地，似就不必道。但小小一片葉子，卻是構成一草一木、聚木成林不可或闕的元素，蘊孕着希望與力量。

"中國古典數字工程"一路走來，有鮮花掌聲，也遭逢風雨雷電，有春華秋實，也飽經嚴寒酷暑。工程現在已制作完成約 20 億字數據，已從一片樹葉成長為浩瀚的森林，且繼續延展，終將覆滿中華大地。

眾所周知，清朝末年是中華民族十分艱難、萬分屈辱的一段時期，充滿着太多的血與淚。只有真正牢記歷史、不忘國恥，才能更加堅定不移地為中華民族偉大復興而奮力前行。今以掃葉日曆庫中光緒二十六年為例，全年有 384 天，選出其中有內容的 142 天，共 178 條事件記錄，作為日曆的內容，它生動地呈現了這年在中華大地上所發生有關的苦難、血淚和屈辱。歷史的記載本來應該是這個模樣，掃葉不必妄評。以下要呈現的是……

栾先生批改的手迹

叶的大家长，更是好导师，对后辈生活上关爱，学业上督促。为什么说是督促？就我自身来讲，是个比较没上进心且懒惰的人，除非先生给留题目，否则很少主动要题目。说到这点，一定会有人扼腕，这是生在福中不自知，近水楼台不得月。是啊，当时有多挥霍福气，现在就有多懊恼。先生太知道我这个坏毛病，所以大都是他出题目，我交卷。对于交上的"考卷"，先生都仔细批改，甚至反复批改。团队里的许多同门能在杂志、报刊上发表文章，都得益于先生无私的教导与栽培。我一直珍藏着栾先生给我批改过的稿件。其中还有一件特别有趣的事，先生常常会将我名字中的"昌"写成"长"，或许是他极少叫我全名的原因，更或许是他愿我长欢喜、多无忧，"小崔"在先生那里才是官方称谓。尽管我的年龄从 20+ 一路快进到 40+，也脱不去这个"小"字，我一直享受和怀念被他当成孩子的时光。

今天是清明节，一个感伤的日子，一个勾起想念的日子，一幕幕往事不断地被回放着。算算栾先生离开我们已经四个月了，可总觉得他还在身边，依旧在房间里读书、看报、敲键盘、打电话，从未走远。先生一生博闻强识、笔耕不辍、疏豁洒脱、意坚志远，于我一直是人生榜样，是学术领航人。而对于先生，我想只有我踏踏实实地做好工作，努力为"中国古典数字工程"的建设添砖加瓦，不断提升自己，才是对先生最好的思念与慰藉。

搁笔至癸卯年清明午后

一寸千思

——我所认识的栾先生

去年底，得知栾先生走的消息，相当惊愕。人生没抓住宝贵的机缘，觉得与栾先生交谈太少了。由于工作忙碌等原因，实在不好意思老去打扰，可如今想找先生聊聊关于钱先生的掌故都已不可能了，真是遗憾！回想与栾先生的缘分，还得从我进入扫叶公司说起。自己对古籍文献一直充满兴趣，所以在网上找到这么一家公司，就毅然决定来北京上班。来前还得知与钱锺书先生有关，十分欣喜，我当年也是个小钱迷。因为翻过《管锥编》，惊叹钱先生读书之多之广之深，为当代学人难以企及！进扫叶后，才知晓栾先生为钱先生的学生。以前也许看到过栾先生的名字，但没在意，记得我老家就有一本《老子集》，居然没注意是栾先生主编。后面不断在其他书上看到栾先生的名字，随着与栾先生的交流，我感到栾先生大半生时间，都在完成其老师交代的"作业"。当年钱锺书先生交给先生的几件作业，相当地考验人！比当年黄季刚先生要求点读一遍白文十三经还要困难，不是一般人能坚持的，栾先生的厉害之处，就是不仅坚持了还完成得相当出色。第一件作业就是《永乐大典》，虽然今天大典只剩了不到全书百分之四，可就是这四百多册八百多卷，让栾先生奋斗了十年之久，编出了一本《永乐大典索引》。为当时学界研究《永乐大典》，作出了奠基性的贡献，而多年的扎实功夫，使得栾先生成为一位资深的《永乐大典》研究专家。通过对明代史料，特别是《明实录》的仔细研读，对大典正本的存佚提出了自己的结论。第二件作业是完成了《四库辑本别集拾遗》一书，1983年由中华书局出版。就是当年编《四库全书》的馆臣从大典中辑录了不少已失传的宋元文人别集，当然由于种种原因，并没有全部网罗。从现今残存的大典中，栾先生发现《四库全书》没收入的书的比例相当高，故而先生做了辑佚补充，成此一书，为《永乐大典》在当代的有序利用作了开拓示范。第三件作业是最大的超级工程和最难的作业，可以说也是最难坚持的，就是"中国古典数字工程"，把民国元年前的中国古籍文献全部数字化，存入电脑，做成了一个超大型古籍文献数据库，可以检索任意一部古籍的内容，并可为古籍辑佚提供强大的数据平台。从上世纪八十年代初启动并持续至今，钱先生这项开拓万古之心胸的作业，栾先生坚持了三十多年，这种孜孜不倦的坚持奋斗非常了不起，其中甘苦恐非外人所知，令我感到无限景仰。

我进公司后，才明白这一来龙去脉，与栾先生多次的交谈中，深深地感到，他对老师钱先生的学问、智慧、预见、才识所折服与敬仰，让钱锺书的学问智慧思想为更多人所熟知，也是先生不懈努力的一个方向。钱锺书先生与书有不解之缘，可谓少有的真正善读书的学人，正因钱先生博通精熟中西典籍，在计算机这种工具刚在西方应用时，钱先生就想到用它来整理浩如烟海的古籍文献，钱先生对典籍的重视，被栾先生所继承发扬，听他一再批评那些只重视考古资料、而对流传下来的典籍却斥为伪书的专家。听栾先生如数家珍地谈起钱先生对《列子》的重视，捅破了是伪书的谎言，并指出可作为传统文化入门典籍，而不是先读"三百千"。要重新认识中国历史脉络，抵御西方世界强加给国人的历史虚无主义。钱先生指示了需读皇甫谧的《帝王世纪》一书，后世因该书引用了谶纬之说而不受重视，否定了其价值。栾先生继承了钱先生独到见解："为什么不用《帝王世纪》？历史开元应用文献，只信考古是洋人诡计。"在前人辑本基础上又新辑了《帝王世纪》一书十三卷，并在公司开了一场座谈会，让公司同仁也真正认识这部古籍的独有价值，并由此书列出历史脉络为基础，编出《中华史表》一书，把中国历史上推至公元前4464年燧人氏，距今六千五百年，而不是传统五千年。其他还有《蒙古秘史》，指出大典本的重要性，汉语译文为白话文的先驱。

栾先生十分重视对公司年轻人的培养，喜欢与我们这些年轻人交谈，就我自己来说，栾先生有一次把我叫去，原来是让我写写文章，他亲自命题。我这个人素来不大爱动笔写文章，在他鼓励之下也操觚小试，第一篇写的好像是"潇洒"。通过扫叶的数据库，才弄清潇洒一词最早来源，而不是某杂志中一篇文章所做的结论。我写完后请栾先生指正，他亲自帮我批改，殷切希望我提高写作能力，虽然他年纪大了，目力不济，但却特别热心帮我改文章并十分记挂。有一次我改文章时间长了没交，在路上碰见了，就问我："文章改完了吗？咋还没给我看？"让我深感惭愧。最后还把写好的文章投到那家杂志社了，虽然没被刊登，但可想见栾先生对我们年轻人培养的重视和对扫叶数据库应用能力的自信。在公司我多次听他讲话，信息量很大，虽然我都能听懂，但百密一疏，可惜没做笔记，比起栾先生当年在干校，认真把钱先生精彩言论都记了下来可差远了。学习还得认真做笔记，钱先生栾先生都给我们做了很好的榜样。有次栾先生还在公司举办讲座，讲《管锥编》解密的内容，可惜因为家事居然没到，至今想来遗憾终生。

我因喜欢传统文化，而钟情阅读古籍文献，又因读古书而认识了像钱锺书这样的大家。《管锥编》很了不起，精彩绝伦，当年二十来岁写小文章曾引用过，没想到栾先生叫写文章却引用不上了，尴尬！又因钱先生而结缘扫叶认识了栾先生，冥冥之中，也是缘分。只是能和栾先生一起交流的时间实在太少，想问的问题太多而没问。看到先生在文章中说帮钱先生借书、还书、运书的事，实在精彩，可惜没抓住机会和栾先生聊聊。记起先生《小说逸语》一书中，曾引用友人的话来形容钱先生的逝世，我今天借用来纪念敬爱的栾先生！

"先生去了，世界从此平淡，今晨是我永远铭记的黑夜。"

5 月 21 日晨

与栾先生聊天中的一些琐碎记忆

丁 冬

先生已经去世五个月了，但我时常能在别的老人家身上找到他的身影。走在路上时，偶尔会把前面慢慢踱步的老人错认成他：那个熟悉的、高大但有点佝偻的背影是他吗？或者在博物馆里，把看展览的一位老人看成他：老人弯着腰，努力地调整眼镜的角度，以便看清楚展品上一处小字铭文。说来栾先生不大可能出现在博物馆，他不喜欢博物馆。原因之一是博物馆收走了钱锺书先生的遗物，却束之高阁从不展出，像貔貅一样。

我上班时经常能借着给栾先生修电脑的机会与他闲聊。去年秋天的时候他跟我说，他年轻时跑遍北京大小的角落，北京哪里好玩他最清楚不过：北京最好玩的公园是北海，北京最好爬的山是鹫峰。他上的中学就在鹫峰脚下，放学后一口气就能爬到山顶。

我当即在周末去爬了这座闻所未闻的山，现在已经是森林公园了。鹫峰爬起来确实没什么难度。然而公园铺设的步道并没有在鹫峰山顶结束，步道蜿蜒着通向远方一座更高的山。那是个阴天，隐隐看到山头有座塔。我燃起了斗志，于是又爬坡过坎，卖力攀上了远处这座高出不少的山。站在这山顶的防火塔下望，已经可以俯视鹫峰。但抬头向前看，山路依旧继续蜿蜒——远处居然还有一座山。山高不知几许，山顶隐藏在云雾中，山腰处怪石嶙峋。乱石间一条野路穿梭向上，有一些细小的人影在胼手胝足努力向上爬。那时我原地返回了，我自认无法爬到那个高度。

他偶尔推荐过的名胜古迹还有法海寺壁画、云冈石窟、应县木塔、平遥双林寺、西安碑林（原话是西安最值得去的景点）等等。后来我去了其中的几处，真都妙不可言。

闲聊中他还经常有一些只言片语发人深省，比如"中国古代没像西方一样发展出先进科技，是因为没有势均力敌的迷信""中国古代没有宗教，只有戒律"……原话未必一模一样，大意如此。

他总和我聊过去的事情，聊得最多的自然是钱锺书先生。钱先生的博学强识虽然以前也有耳闻，但听他娓娓道来还是格外震撼。我喜欢听栾先生讲钱先生的种种轶事。钱先生的温文尔雅，聪明机智，风趣幽默实在令人惊叹。而最让人惊讶的是钱先生之高瞻远瞩。钱先生在世时计算机功能还十分有限，他却仿佛能预测几十年后计算机技术进步的方向，然后早早设计好了古典数字工程发展的道路。种种规划都顺理成章地与如今的文献在计算机中的数字化和可视化符合。栾先生最早讲给我的是钱先生的古代地图设计方案，我听得目瞪口呆。这方案天才到如同预知未来。钱先生思想之前卫，确乎前无古人。

在回忆钱先生之余，栾先生也经常会愤懑钱先生当年没有获得与一位学问贯通中西的大师相配的待遇。有人忌惮他的才华，有人贪婪他的心血。这些有名有姓的人，背地里竟如此不堪。他们用各种手段折磨这位学术巨擘，钱先生为了自己的著作能够面世就不知咽下多少委屈。这些委屈栾先生当年全看在眼里，到如今依旧愤愤不平。钱先生过世后，很多人在谈论他、研究他，甚至因之成名。但很少有人关心钱先生未竟的事业。无它，只因为这个工程耗日时久而且无暴利可图。栾先生还在时，经常有不同面孔的客人来拜访他，听他讲钱先生和古典数字工程的故事，临走带走栾先生夜以继日费力在电脑上敲出的稿子，然后再也没有出现。

栾先生的眼睛不太好，鼠标旁常备放大镜。他大约是在我入职公司不久前才开始学习仓颉输入法和用新版 Word 排版。当时他已经将近八十岁了，学习能力完全不输年轻人，而且经常工作到半夜。他有时会跟我抱怨，昨天工作到太晚，眼睛又开始痛。

他很少讲自己过去受到的不公待遇，即使讲到了也一笑而过。钱先生的遭遇尚且如此，我猜当年栾先生也一定非常不好过。他不会抱怨过去如何，讲的故事往往笑中带泪，让人听了开怀而又心酸。他似乎更关注当下。栾先生能熟练使用手机和平板，每天的报纸不必说，网上重大消息他也总能关注到。他常吃惊于视频短片，或者头条、公众号等等自媒体带动的流量。有一次他还兴冲冲地计划我们应该搞一个短视频或者直播什么的给公司做宣传，公司不该这样一直默默无闻。后来大概因为工作太忙忘记了。

这是经常的。他的思维很活跃，总会有各种各样奇异的想法。但一旦某个项目开发得有些进展，他又产生了新的兴趣。然后把前一个项目抛在脑后，马不停蹄地向下一个难关攻去。有一次他忧心扫叶未来出版的电子书可能被盗版，电子版在网络上四处传播影响到实体书销售，建议我们开发一个"没法拷贝"的电子书。当时我囿于一般常识，回答他说不能拷贝的文件是不存在的。他提了几个设想，又被我一一否定了。我劝他不要在这个念头上再浪费精力，没想到他之后一直在思考这个问题。终于有一天，他把我叫过去，严肃地描述了一个防拷贝的方案。我听完后左思右想，没找到破绽。虽然做起来略有不便，但这个程序真的能在不需要用户注册，不需要把书放在云端服务器的情况下，保证购买一本电子书的用户能在本地阅读，却无法把文件拷贝转发出去！我佩服得五体投地。他真是一心一意在为工程的未来着想。这种真心实意大概达到了古人所说的"惟精惟一"，因而能突破常识窠臼。他已经是一位八十多岁的老人了，却能让我们这些懂电脑的年轻人汗颜。

国外的新闻他也很关心。去年十一月的某天，我好像是去给他修智能手表。他问道：加拿大的冬天冷吗？当地人会歧视中国人吗？我说：加拿大南边和靠海的地方暖和一些，北边那是真冷，加拿大人总归比美国人友好一些。现在想来，他也许是看到了国外媒体利用疫情抹黑中国的新闻而忧心忡忡了。

之后疫情一天天严重，公司又一次改为居家办公。最后一次见先生，是田奕等几位老师扶着他上车去医院。当时他已经昏迷了。

我低估了命运的残酷。我以为每天都可以理所当然地见到先生的身影，听到先生开心的笑声，然后天真地把与先生每一次对话都当成愉快的闲聊，把先生的真知灼见当成夏天的繁花。如今先生不在了，我只剩下遗憾，后悔没能把他说的每一个字都记在纸上。

我心中的栾先生

谭媛媛

自从去年年底国家全面放开了对新冠疫情的管控之后，许多有基础病、身体不好的老年人都去世了，我们扫叶公司的掌舵人栾贵明先生也走了。乍一听到这个消息，如同晴天霹雳，砸得我头昏眼花，我实在无法接受前不久还拉着我的手、念叨我老不找他聊天的人就这么突然地撒手人寰了？！我不敢相信，也不愿相信……他和善的面容、慈祥的眼神还历历在目，我怎么能相信他就这样离我们而去呢？！然而讣告上面"病逝"两个字不停地在我眼前跳动，重逾千钧，压得我喘不过气来，一时间莫大的悲伤涌上心头，眼泪逐渐模糊了整个世界，与他相处的记忆不由自主从脑海深处浮现。

直到现在我仍然清楚地记得，我与栾先生的最后一次见面是在冬日里一个阳光明媚的下午。那个时期国家还没放开管控，公司的进出还要求四十八小时核酸证明。这天下午，我与公司同事相约在休息的空闲时间去附近的采样点做核酸，一大队人马刚走到大堂门口，就遇到了田老师推着栾先生往回走，便接连上前打招呼。其他人打完招呼就离开了，我刚上前还没说几句话，就被栾先生一把拉住了手，他笑着调侃道："这是谁啊？这么久不见，我都不认识了！"

北京的冬天是凛冽且肃杀的，但冬日里的阳光却又十分温暖，一缕缕阳光穿过大堂透明的玻璃，照射在他饱经风霜、被岁月侵蚀的脸上显得格外亲切柔和。看着他苍老的面容和斑白的两鬓，一股愧疚油然而生，我张了张嘴，因为自身没有丝毫长进且学识浅薄而不敢轻易去打扰他老人家，这个理由我不敢说出口，但一时也想不出其他的说辞，只好挠了挠头，尴尬地笑了笑。田老师见状，怕耽误我时间，赶紧让我去做核酸，栾先生便也不再拉着我聊天，我心里暗暗松了口气，连忙转身离开了。但我转身离去的那一瞬间并不知道，这将是我与栾先生最后一次见面，从此以后，他的音容笑貌只能从泛黄的记忆中寻觅。如果早知道人与人之间的缘分这么短暂，我想我会在栾先生生前多陪陪他，就算只是唠些家长里短的琐事，也好过如今连回忆都少得可怜，仅剩些零星的片段。

印象中，我与栾先生接触最多的时候还是刚进公司的那段时间。那是在2014年左右，我刚从学校毕业一年，因为学的专业是室内设计，所以出了校门找的也是设计助理之类的工作，由于性格内向又不懂人情世故，我接连换了几家小公司，于是我开始考虑转行做文职。许是缘分使然，没过多久我就在智联招聘上看到我们公司的招聘信息，仔细研究过公司简介之后，我对"中国古典数字工程"这个项目产生了浓厚的兴趣。从小到大我都非常喜欢阅读与中国古典文化相关的书籍，还曾幻想过自己能成为一名作家，然而冰冷的现实告诉我，自己并不具备这样的能力，于是我只能将这份热爱藏在心底隐秘的角落。虽然从未接触过古籍整理这类工作，但我毫不犹豫投出了自己的简历，因为这或许会是唯一一个能把爱好与工作结合的机会了。

经过几天焦急忐忑的等待，我终于收到了面试通过的回信，开心地将这个好消息告诉了我妈之后，便收拾好衣物，满怀期待地来到公司。当时公司还坐落在房山区长阳镇农职大学附近的一个小院里，面积虽不大，但环境清幽，还种植了许多花花草草，迎春花、玉兰、海棠、紫薇、月季、梨树、桃树等等，一到春夏之季，满园花开，姹紫嫣红，那景色真是美不胜收。虽然公司包吃包住，但长达四个月的培训让许多人都望而却步，以至于我们这一期培训的学员只有十几二十个，我算是来得最早的一批人。每个人刚来的时候都要先去见一见栾先生，然后再与公司其他几位老师认识一下，我也不例外。

在中院的宿舍中放下了自己的行李后，我就在崔老师的引领下，前往栾先生所居住的前院正房。穿过两道玻璃门，便进入了中堂，正前方同样是一道玻璃双开门，左右各有一扇木门，门旁边摆放着中式柜子和几案，右边靠近玻璃门的地方还放着一个挺大的铁笼子。我怀揣着紧张不安的心情谨慎地打量四周，看到崔老师推开了右手边的那扇门，深吸了一口气之后，也跟着进去了。刚一进屋，还没来得及观察周围，就被突然蹿出来的一条灰色大狗吓了一跳。它有着狼一样凶猛冷酷的外表，毛发光滑油亮，体形健壮，约有半人高，耳朵尖尖的，还有一双灰蓝色的眼睛，似乎自带一股高贵的气质。我平时很少见过这样长得凶、又高又大的狗，尤其是它还摇着毛茸茸的尾巴围着我转圈，时不时蹭着我的腿，一副想与我亲近的模样，我顿时头皮发麻，紧绷着身体，杵在原地一动不动，生怕它咬人。

飞飞

　　"别怕，它不咬人的，它这是喜欢你才亲近你的，不喜欢的人它看都不看一眼。"一个温和的声音响起，抚平了我内心的恐惧，不由抬头一看，只见一位六七十岁的老人悠闲地坐在一把黄色藤椅上，正和蔼地注视着我。他身穿一件普通的格子衬衫，外罩纯色针织背心，下面则是一条休闲长裤。老人的头发梳得十分整齐，黑发里夹杂些许银丝，脸颊消瘦，颧骨很高，眼角和额头上的皱纹清晰可见，微微下陷的眼窝里嵌着一双充满智慧的眼睛，由内到外散发着学者儒雅的气质。他一边温柔地安抚我，一边严肃地呵斥那狗，"飞飞，回来！飞飞！飞飞！快过来！"这条阿拉斯加犬听到主人不同寻常的喊声，也就不在我这个新面孔身边打转了，乖巧地跑回他椅子旁边趴着。看着这样温顺的大狗，我心里最后一丝害怕也不翼而飞，在崔老师介绍完我的情况之后，这才恭恭敬敬地喊了声"栾先生"。随后栾先生就十分亲切地与我交谈起来，仿佛是在跟自家长辈聊天一样的轻松，我浑然忘记了刚进门时的紧张。时隔多年，虽然当时具体的谈话内容早已忘记，但是栾先生渊博的学识、幽默的谈吐、和蔼的微笑以及炯炯有神的目光依然让我记忆犹新。

也许是初生牛犊不怕虎，也许是栾先生平易近人的态度，从那以后，我经常有空就去找他聊天。有的时候聊一些工作学习上的问题，有的时候聊一些生活上的琐事，有的时候听他讲一讲与钱先生有关的趣事以及我们公司前期艰难的发展，有的时候放假回家之前他还专门找我问"钱够不够用，不够找他要"之类的话，林林总总，多不胜数。那个时期，我一直将他当作自己最亲近的长辈一样看待，但随着时间的推移，我逐渐认识到我们之间身份上的差距，反而逐渐疏远了起来，慢慢地减少了见面的次数，甚至到最后不再单独去找他聊天。话说回来，以前在扫叶园的时候，每天在食堂还能看见栾先生的身影，而自从搬到泰山饭店以后，除了开会、拜年、过生日等特殊情况下，一年到头见面的机会已是寥寥可数。我也不敢私下去找他，所以他每次遇到我的时候，都会打趣地说："这是谁啊？我都不认识了！"如今想来，这何尝不意味着栾先生内心深处仍保留着对我仍然能像当初一样去与他密切交流的期待，可我却因为自惭形秽让他失望，不得不说我是差劲的晚辈，更是一个差劲的学生。事到如今，自责悔恨已毫无意义，失去的永远不会再回来，我唯一能做的就是与全公司同仁一起努力将扫叶这艘大船推向更远、更高、更好的未来，这样或许才能告慰九泉之下的栾先生吧！

多年以前，曾听闻栾先生计划还要出版一本关于解读钱先生《管锥编》的书，可惜直到他临终之前都未能如愿，可谓一大憾事。好在栾先生另一本解读《围城》的力作《小说逸语——钱钟书〈围城〉九段》早已出版，这是栾先生根据钱先生谈及《围城》时的精彩话语，再结合小说内容写下的九段文字。随手翻开这本书，细细研读之后，便能发现书中字里行间到处弥漫着栾先生对钱先生的崇敬与仰慕。或许正是因为这份敬慕之心，让栾先生坚定不移地走在钱先生指明的——"中国古典数字工程"的大道上，从 1985 年启动这项工程开始一直到去世，几十年来勤勤恳恳、兢兢业业，不惧道阻且长，即使面临各种绝境困难也从未言弃，一路上披荆斩棘、砥砺前行，所以才能将公司发展壮大到如今人才济济、群英荟萃的地步，甚至我们的工程也即将圆满完成，栾先生真正做到了"亦余心之所善兮，虽九死其犹未悔"。

我一直在思考一个问题，栾先生是什么样的人？在我心里，他是慈祥和蔼的长辈，他是严谨认真的学者，他也是一往无前的追梦人。关于这个问题，我想每个人心中都有自己的答案，而我能从栾先生身上学到的就是"人心惟危，道心惟危；惟精惟一，允执厥中"，无论做什么事，只有专心致志、坚定不移地走适合自己的道路，才能获得最终的成功。谨以此文，纪念我们敬爱的栾先生，愿您在天堂一切安好，这盛世如您所愿。

2023 年 5 月 14 日

追忆我的先生

胡晓锺

时间永远定格在那一时刻，再无后续可言。往事历历，时光荏苒，老师的一生是神奇的，绽放光芒的。他用他的知识和成就，指引我们通向知识的大门，推动他的研究领域的发展。他的成就是那么引人注目，他的坚持和才华是我们灵魂的指南。

老师在古籍数字化领域取得了显著的成就，他始终在探寻学术的精髓和探索新的领域。他运用自己在这个领域里的深厚知识，不断研究和探索，为这一领域的发展做出了不可取代的贡献。

《尽诚录》中曾有这样一句话："使学问之条理精明而内外贯通，虽欲求其极难者，常以为易事。"这句话道出了学习的真正意义，也正是我们每位学生所应该追求的目标。而在学习的过程中，我们需要一个引路人、一个榜样来指引我们。2012 年 10 月 15 日我们有幸拜在老师门下，学习中国古典文学。对我们一行八人的到来，老师甚是高兴，恨不得立即毫无保留倾囊相授，

老师一生都热爱古典文学，他老人家毕业于北京大学中文系古

典文献专业，分配至社科院文学研究所工作。偶得机会帮助老师整理书屋，在一纸箱中发现一本毕业论文，厚厚的足有十五页之多，经询问是老师的毕业论文，老师娓娓道来，当时导师看到论文也大为惊讶，平常之人论文三五页足矣，比较突出者也就七八页，像老师这样十五页的也是独一份了，导师看完无多言，你这论文实属不错，无毛病可挑，给你满分吧。迄今为止也是少有人可以超越的，可见老师文章多么出色。

老师在文学所工作时结识了亦在该所工作的钱锺书先生，相识相知，亦师亦友，钱锺书先生建议老师创建"中国古典数字工程"，经三十年研究制作，中国古典文献考证资料库是全球独一无二的"数字"库。该库涵盖上古先秦至民国以来六千多年存留的全部重要文献；打破传统的经史子集编排方式，也不采用来自海外的图书分类法。而是贯彻"以人为本"原则，作品一律回归作者，使古代文史资料数字化迈上合理、科学的平台。该库以读者为上，资料丰富，使用极其便利。使用者通过任何一个检索源进入，可以得到该人全部正史资料及作品。对人、时、地、事均提供单项和复杂的链接检索，尚有多种工具书可随机参考。悠悠六千多年文化，立体展开，一览无余。

老师非常热衷于古典文学，且著作也很多，从早期的《四库辑本别集拾遗》《永乐大典索引》《全唐诗索引》系列和《十三经索引》，到晚年带领我们编辑出版的系列丛书"中国古典数字工程丛书"（万人集），已先后出版了《黄帝集》《老子集》《庄子集》《鬼谷子集》等，都离不开老师建设的"中国古典数字工程"。

曾听老师讲过孔子所言："念旧恶不离于伤，而伐乱要在其心，是故无成事者，必有念旧之人。"这是老师对我们的教诲，也是老师的处世哲学。回想老师一生对学问的探究和追求，不禁让人深感自己的渺小和不足。但正是老师这种追求卓越的品质，更是推动着我们这些接班人不断前行，追求更高更远的人生目标。

"学而不思则罔，思而不学则殆"，这是孔子的名言。老师身先士卒，他一直在学习和思考，为了探讨学术的细枝末节，他不断进行深入的思考和试验研究，为我们的发展做出了很多努力。

对我而言，老师教会了我如何热爱学习和探索。懂得文学的人很多，懂得计算机的人也很多，而两样都精通的却寥寥无几了，计算机只是工具，我们要运用好手上的工具，来实现我们的目的，他告诉我一个人的能力是无限的，只要肯努力去尝试和学习，就可以取得成功。我现在已经知道在学习和研究中如何保持耐心和自我控制，因此我将继续遵循他的教导，不断前行，做一个学有所成的人。

逝者如斯，而不舍，人之常情。今日，恍如狂风暴雨，忽逝又忽来，难以言语。正如孔子所言，"君子不仁则不成，不义则不生"，老师治学严谨、品行端正，其人格魅力及思想精髓更是跃然纸上，时时刻刻影响于我。

回忆老师的生涯成就和坚持不懈的研究精神，让我们倍感敬佩。他用他的时间和才智，为我们塑造了一个精彩而充满意义的人生。他留下了宝贵的财富，让我们为未来的发展做出更好的成绩，继承他的理念和价值观。他将永远活在我们的心中，他的声音、他的鼓励、他的指导，都会时刻激励我们向前。继承他的遗志，完成古典文献数字化的浩瀚工程。至此再次感谢"中国古典数字工程"的所有老师和同事们。

2023 年 4 月写于泰州

烟丝缭绕　哀绪长牵

赵子昱

　　我跟先生交往的时间不算长，但我很喜欢先生。先生的文化和坚持让我仰拜，先生的爽朗性格让我觉得亲切，短短几年受益良多。

　　我觉得先生应该是喜欢我的。每次见到先生，我们在一起喝茶，一起天南地北地聊天。先生不怎么出门，却对很多事感兴趣。一起抽烟，云雾缭绕中常有意想不到的话题。记得初识先生，他抽"大前门"烟。虽然经常有朋友送他烟，不同的烟，他却只抽大前门。也许是时代的记忆吧，我这样想。后来我看到他有个卷烟器，这是我第一次见到卷烟器。自己动手卷烟，自娱自乐，这是真会玩啊！先生曾告诉我他二十岁就开始抽烟，掐指算算也要五十年了。

　　2017年，先生做完心脏搭桥手术已经一年多了，先生说自己身体不如原来好。那是肯定的，毕竟伤及心脉。先生总是感叹："不灵了，现在看一会儿，就得歇会儿。眼睛也不行了，看不见了，说不好哪天就拉倒了。"我尴尬地笑笑："您又逗我，您还早着呢，这才哪儿到哪儿啊！您还得带我们往前走呢，扫叶您不管啦？"先生欣慰一笑："那是田奕他们的事儿，我的任务完成了。"然后他把卷烟器以及烟丝都给了我。我知道自从手术后，他就不抽烟了，断得很决绝。而且也从来不在乎别人当着他面抽烟，令我佩服得不得了。

先生很喜欢玩这个卷烟器，说是一个朋友送给他的。这个东西分三部分，单独的烟丝、有一个仪器以及没有烟丝的空烟壳。烟丝放入仪器的凹槽中通过摇把控制，同时放一张卷烟纸在外壳中，转眼就变成了一支香烟。我不会玩这个卷烟器，总是制作得不很成功。先生就手把手地教我，还是不成功，它得用巧劲儿和寸劲儿。那时先生坐在一把藤椅上，从一个真空包装袋中抓一点烟丝放在卷烟器中，摇动手柄，把烟丝推进空烟壳里。房间中弥漫着书的味道，茶的味道，还有烟丝的味道。先生一边用卷烟器卷着烟一边跟我讲钱先生所著的《围城》中文字运用的魅力，我一边抽着先生卷的烟一边喝茶听先生娓娓道来。文字，什么是文字，什么是文学，什么是历史文献，简化字和繁体字的区别，什么是"古典数字工程"。还有就是我们中国的文字是不能简化的，文字的每一笔每一个偏旁部首都有其含义。先生教了我很多，我们谈天论地，无话不说。

先生很风趣，总是调侃我，"吓唬"我。先生留给我最深的印象就是他很怀念钱先生。他桌案上总放着一沓打印好文字的 A4 纸，上面密密麻麻地修改了很多。先生用手掌拍了拍这沓 A4 纸，满意地说："踏实了，我没有什么遗憾了。你过来看看。"我上前拿起这沓简单装订的 A4 纸，第一页很醒目的四个大字——《大书出世》，那可是关于《管锥编》成书历程的记述。先生关了他书桌上的台灯，起身来到他经常坐的藤椅坐下，拿起泛黄的白瓷茶杯，喝着水。因为身体原因，后来茶都不怎么喝了。我坐在先生近前，一页一页地看着手里的书稿。总感觉先生像在交代着什么……

说起遗憾，先生说他没什么遗憾了。先生一直关心我的个人问题，每次看见我都会问。和蔼的语气，批评中又带着关怀的话语："老大不小了，也该考虑了，下次两人来，一个人别来了啊。"我总是用一个"噢"字敷衍。其实每每这时，我都会恍惚，魂牵梦绕般地梦想着先生为我主持婚礼。如今这成了我最大的遗憾。

我很想念先生。再也没有，我一推门喊一声"先生"，先生声音洪亮略带笑声，"呦，自己泡茶，搞对象了吗？……"

写在后面的话

2022 年 12 月 19 日，扫叶公司创始人栾贵明先生逝世。他亦是"中国古典数字工程"的创始人。而且在计算机还不普及的上世纪八十年代，他是中国社会科学院计算机室的首位主任。其作为一代学者的历程以及与钱锺书先生的亲密关系，文集中已有来自亲朋的许多描述，在此不作赘述。

记得 1998 年钱锺书先生逝世后，世界各地的唁函纷至沓来。我们在栾先生带领下，用三个月时间收集编排了纪念钱先生的文集——《一寸千思》。而后在 2020 年为纪念钱先生诞辰一百一十周年编辑了《风雨默存》一书。不料时过两年的今天，我们又编辑这本《砥砺贵明》，以纪念栾贵明先生。这中间二十四年，一路洒泪，一路艰辛，以"砥砺"一词浓缩前行之不易。先生确以乐观心与岁月相拥，迎接每天的朝霞和黄昏，成就着一份执着，一份追求。

这本文集的编辑时间其实很短。特别感谢栾先生的亲人、同学、朋友、学生的奉献。这中间亦有很多朋友来电表示心绪难平，无法提供文章的遗憾，在此一并感谢。相信天国中的栾先生定会收到我们思念的微波。并致谢作家出版社省登宇先生的鼎力相助。

编者　2023 年 8 月

图书在版编目（CIP）数据

砥砺贵明 / 田奕编 .—北京：作家出版社，2023.11
ISBN 978-7-5212-2566-2

Ⅰ.①砥…　Ⅱ.①田…　Ⅲ.①栾贵明—纪念文集
Ⅳ.① K825.6-53

中国国家版本馆 CIP 数据核字（2023）第 196974 号

砥砺贵明

编　　者	田　奕
责任编辑	省登宇　周李立
装帧设计	琥珀视觉
出版发行	作家出版社有限公司
社　　址	北京农展馆南里 10 号　　邮　　编：100125
电话传真	86-10-65067186（发行中心及邮购部） 86-10-65004079（总编室）

E-mail:zuojia @ zuojia.net.cn
http://www.zuojiachubanshe.com

印　　刷	北京盛通印刷股份有限公司
成品尺寸	145×210
字　　数	170 千
印　　张	7.75
版　　次	2023 年 11 月第 1 版
印　　次	2023 年 11 月第 1 次印刷
ISBN	978-7-5212-2566-2
定　　价	49.80 元

作家版图书，版权所有，侵权必究。
作家版图书，印装错误可随时退换。